insel taschenbuch 5057
Lektüre zwischen den Jahren

Manche Wünsche scheinen sich nie erfüllen zu wollen – Wünsche, die man schon seit Jahren mit sich herumträgt, aber auch Wünsche, von denen man nicht einmal wusste, dass man sie hat. Und dann, mit einem Mal, wird wie aus dem Nichts ein langgehegter Traum wahr, und man steht staunend vor diesem Geschenk.

Über die Sehnsucht, über das unverhoffte Glück und die wundervollen Momente, in denen das zu einem kommt, was zu einem gehört, erzählen Rose Ausländer, Hilde Domin, Robert Gernhardt, Elke Heidenreich, Hermann Hesse, Mascha Kaléko, Erich Kästner, Siegfried Lenz, Katherine May, Joachim Ringelnatz, Wisława Szymborska, Robert Walser, Christa Wolf, Stefan Zweig u. v. a.

Lektüre zwischen den Jahren 2024

WÜNSCHE WERDEN WAHR

Ausgewählt von Clara Paul

Insel Verlag

Erste Auflage 2024
insel taschenbuch 5057
Originalausgabe
© Insel Verlag Anton Kippenberg GmbH & Co. KG, Berlin, 2024
Alle Rechte vorbehalten. Wir behalten uns auch eine Nutzung des Werks
für Text und Data Mining im Sinne von § 44b UrhG vor.
Quellenverzeichnis am Schluss des Bandes
Umschlaggestaltung: Designbüro Lübbeke Naumann Thoben, Köln
Umschlagillustration: Rüdiger Trebels, Düsseldorf
Satz: Satz-Offizin Hümmer GmbH, Waldbüttelbrunn
Druck: CPI books GmbH, Leck
Printed in Germany
ISBN 978-3-458-68357-5

www.insel-verlag.de

INHALT

Was ich mir wünsche

Wünsche werden wahr

Warnung vor den Wünschen

Erfüllte Wünsche

WAS ICH MIR WÜNSCHE

»Wenn ich nur auf mich höre,
vollbringe ich Wunder.«
Madame de Sévigné

ROSE AUSLÄNDER
Wünsche III

Ich möchte ein Magnolienbaum sein
Jahrhunderte alt
mit herrlichen Blüten

Eine Nachtigall möchte ich sein
deren Stimme jeden berückt

noch lieber ein Berg
von der Sonne umarmt
reingewaschen vom Regen
endlose Gipfelschau
ein Jahrtausendeleben

Ach ich sprach wohl im Traum
kein Magnolienbaum keine Nachtigall
auch kein Berg
möchte ich sein

Ich will weiterhin ich sein
ein paar Menschen lieben

Weltspuren folgen
und wenn der Sprachgeist erlaubt
mit einigen Worten
meinen Tod überleben

HILDE DOMIN
Wunsch

Ich möchte von den Dingen die ich sehe
wie von dem Blitz
gespalten werden
Ich will nicht dass sie vorüberziehen
farblos bunte
sie schwimmen auf meiner Netzhaut
sie treiben vorbei
in die dunkle Stelle
am Ende der Erinnerung

THOMAS BRASCH
Was ich mir wünsche

Von wonders liedern das traurigste
über den untergang der stadt new york
abgespielt auf einem plattenspieler in der hester
   street
von brechts gedichten das schönste
geschrieben in der charite monate vor seinem
   tod
über den gesang der amseln nach seinem tod
von shakespeares theaterstücken das komischste
über den prinzen hinter dem schutz seines
   wahns
verfallen dem rationalismus und einem lang-
   weiligen gespenst
von den nächten die hellste vor dem kadewe
die zeitungsfrauen gehen ihren weg der
   tagesspiegel ist da
der himmel flach und von deinem schönen
   körper das knie

Unerledigtes auf dem Kalender

Zum Beispiel, Indien sähe ich noch gern,
Bevor ich fortmuss. Und den Fudschijama,
Wie er so plötzlich aufragt, wolkenfern,
Vom Dämmerlicht geheimnisvoll umhuscht,
Wie Gott und Hokusai ihn hingetuscht.

Was ich als Nächstes wohl zu sehn begehrte?
Das Reich des Tu-Fu und des Yüang-Ming,
Des Meisters Laotse, der im »Taoteking«
Den Segen weisen Nichtstuns uns bescherte
Und Schweigen (in fünftausend Worten)
  lehrte.

Dann: jene Stadt, in der ich einst so fleißig
Die Schule schwänzte kurz vorm Abitur,
Und den Studenten, dem ich anno dreißig
So zuversichtlich ewige Treue schwur.

Auch Jim, der Franziskaner werden sollte
– ein Ideal, das lang ihm vorgeschwebt –

Und sich, für mich, das Leben nehmen wollte;
Und jetzt in Rom mit einer andern lebt.

Ein einziges Mal, und wär es mein Verderben,
Spielt ich in Monte Carlo gern Roulette.
Neapel sehen möchte ich und nicht sterben!
Und dann Paris … Noch mal von A bis Zett.

Zum Schluss: Besuch auf einem andern Stern
Und ins Vergangne. (Letztres stellenweise.)
Unendlich vieles täte ich noch gern,
Eh ich auf immer unbekannt verreise.

Dies alles fiel mir bei den Worten ein:
»Der Herzbefund? – Er könnte besser sein.«

HERMANN HESSE
Wunsch nach Zauberkraft

Bis zu meinem dreizehnten Jahre habe ich mich
niemals ernstlich darüber besonnen, was einmal
aus mir werden und welchen Beruf ich erlernen
könnte. Wie alle Knaben liebte und beneidete ich
manche Berufe: den Jäger, den Nordpolsucher,
den Fuhrmann. Weitaus am liebsten aber wäre
ich ein Zauberer geworden. Dies war die tiefste,
innigst gefühlte Richtung meines Wesens, eine
gewisse Unzufriedenheit mit dem, was man »die
Wirklichkeit« nannte, eine gewisse bald ängst-
liche, bald spöttische Ablehnung dieser Wirklichkeit, und der brennende Wunsch, sie zu
verzaubern, zu verwandeln, zu steigern. In der
Kindheit richtete sich dieser Zauberwunsch auf
äußere, kindliche Ziele: ich hätte gerne im Win-
ter Äpfel wachsen und meine Börse durch Zauber sich mit Gold und Silber füllen lassen, ich
träumte davon, meine Feinde durch magischen
Bann zu lähmen, dann durch Großmut zu be-
schämen, und zum Sieger und König ausgerufen

zu werden; ich wollte vergrabene Schätze heben, Tote auferwecken und mich unsichtbar machen können. Namentlich dies, das Unsichtbarwerden, war eine Kunst, nach der ich sehnlichst begehrte. Auch nach ihr, wie nach all den Zaubermächten, begleitete der Wunsch mich durchs ganze Leben in vielen Wandlungen, welche ich selbst oft nicht gleich erkannte.

So geschah es mir später, als ich längst erwachsen war und den Beruf eines Literaten ausübte, dass ich häufige Male den Versuch machte, hinter meinen Dichtungen zu verschwinden und mich hinter bedeutungsreiche spielerische Namen zu verbergen, mich unsichtbar zu machen – Versuche, welche mir seltsamerweise von meinen Berufsgenossen oft verübelt und missdeutet wurden.

Überhaupt ist mein ganzes Leben unter dem Zeichen dieses Wunsches nach Zauberkraft gestanden; wie die Ziele der Zauberwünsche sich mit den Zeiten wandelten, wie ich sie der Außenwelt entzog und in mich selbst einsog, wie ich allmählich dahin strebte, nicht mehr die Dinge, sondern mich selbst zu verwandeln, wie ich danach

trachtete, die plumpe Unsichtbarkeit der Tarn-
kappe zu ersetzen durch die Unsichtbarkeit des
Wissenden, welcher erkennend stets unerkannt
bleibt – dies ist der eigentliche Inhalt meiner
Lebensgeschichte.

PETER HANDKE
Wunschfarbe, Wunschkraft

Der Himmel über der Meseta war an diesem Morgen blau. Die allseits gleich von der Herberge sich wegdehnende Gras-, Stein- und Sand-Hochfläche war grün, braun, rot und grausilbrig (das Silbrige von den Katzensilberstückchen im verwitterten Granitsand). Die Herberge, mit einem klaffenden Rauchfang, distelbewachsenem Dach, abgeblättertem Verputz und scheibenlosen Fenstern, wo ständig die schwarzen Dohlen mit den gelben Schnäbeln aus- und einflogen und ihre Kehllaute ausstießen, hatte jetzt am helllichten Tag von einem Castillo oder Schloss nur noch den Umriss und war fast so schwarz wie die Dohlen, schwarz ohne deren Federnglanz. Die Kondensstreifen der Flugzeuge – es war eine Epoche der schwarzen Kondensstreifen –, noch um einen Schwarzgrund schwärzer dann bei deren Passieren der Sonne, wobei es augenblicksweise fühlbar noch kälter wurde, wie im Moment einer totalen Sonnenfinsternis.

Sämtliche Farben schienen versammelt, und zusätzlich wirkte an den Gegenständen eine Farbe mit, die neu war – die es bis zu diesem Morgen noch nirgends auf der Welt gegeben hatte – die bisher von keinem menschlichen Auge gesehen worden war – und für die es auch keinen Namen gab und auch nie gäbe – recht so. War die unbekannte neue Farbe rein ein Wunsch? Ein Wunsch, welcher wach wurde angesichts der langsam wandernden Grenze zwischen Schatten und Sonne, dem starrweißen Reifgebiet und dem hellblinkenden, wie windbewegten Taufeld in dem steppengrasigen Herbergshof? Im Blick auf das Taugras, dessen Spitzen sich regten nicht von einem Wind, vielmehr dem stetigen Auftauen der Reifschichten, die, zu kleinen Wasserkugeln verrinnend, einen Halm nach dem andern zum Schwanken brachten?

Ja, Wunsch – Wunsch, der erwachte angesichts jenes einen Tautropfens in der Sonne, der, im Unterschied zu der Myriade der glasklaren durchsichtigen weißblitzenden, aus dem Tautropfenfeld herausstach als eine Bronzekugel, nicht blinkend und blitzend, sondern leuchtend, schimmernd, strahlend; kein bloßes Glitzerpünktchen, sondern eine Sphäre, eine Wölbung, einen auffordernd zum Entdecken; keines unbekannten Planeten, sondern des altbekannten, der Erde hier, einen herausfordernd zu einem immerwährenden täglichen Entdecken, das zu nichts führte, zu keiner Auswertbarkeit, es sei denn zu einem Offenhalten – Entdecken als ein Offenhalten?

Wunsch nach einer neuen Farbe auf, in, mit der Erde, der noch wacher wurde mit der Entdeckung, dass man die eine bronze-, nein, namenlosfarbene Taukugel – wie monumental sie erschien unter allen den bloßen Blinktropfen – von allein im Anschauen erzeugen und zudem vervielfältigen konnte, ohne sich von der Stelle zu rühren, ohne eine Hand auszustrecken: mit nichts als einem leichten Bewegen, hin und her, auf und nieder, des Kopfes, bei weitestmöglich geöffneten Augen: unversehens im Taufeld eine ganze Schneise oder Schleife von zwischen Bronze, Rubin, Kristall, Türkis, Bernstein, Siena, La-

pislazuli und insbesondere eben Namenlos spie-
lenden Neuigkeiten.

Warum gab es, in Entsprechung zu der Sage von
dem Urwesen, das seine Riesenkraft verlor, sowie es dem Erdboden enthoben wurde, und sie
im Gegenzug wiedergewann mit der Erdberüh-
rung, nicht auch eine Sage von einem, der seine Kraft, eine ganz andere Riesenkraft freilich,
fand, indem er einfach bloß bodenwärts blickte?
Wunschfarbe, Wunschkraft.

Vermittlerarbeit zwischen Himmel und Erde

Manchmal sieht es so aus, als bewegten die spektakulärsten kleinen Madonnenstatuen die Augen, um einen Blick auf den zu werfen, der vorübergeht, um zu beweisen, dass sie mehr sind als kleine Bildchen von wenig Wert, die an den Straßenecken hängen, dass sie fleißig ihre Vermittlerarbeit zwischen Himmel und Erde weiterführen. Das sind die kleinen Märchen, an die vielleicht nie jemand wirklich geglaubt hat, die aber niemand missen möchte, weil wir doch alle den Wunsch haben, verstanden und beschützt zu werden. In einer Bestandsaufnahme von 1853 hat man mehr als siebenhundert dieser heiligen Bilder gezählt, die in halber Höhe schweben: Ihr Ursprung ist ländlicher Natur, sie wurden aus Angst vor dem Gewitter und der Dürre geboren, aus bäuerlicher Frömmigkeit. Die kleine Madonna stand an der Mauer des Hauses, um Unglücksfälle fernzuhalten. Dann haben sie in Rom Einzug gehalten, und auch die berühmtesten und stolzesten Paläste widmeten dieser marienhaften Sittsamkeit eine Ecke.

Und wenn heute jemand in den Straßen des Zentrums spazieren geht, oder auf der Prenestina und der Tiburtina, kann er, wenn er plötzlich die Augen hebt, dem von Regen und Sonne verblichenen Blick einer dieser zeitlosen Figuren begegnen. Einige sind ganz besonders schön, etwa die an der Piazza dell'Orologio, eingefasst von einem barocken Rahmen, oder die auf der Piazza del Pantheon, immer noch frisch in ihren Farben. Und jeder Römer hat vielleicht seine bevorzugte kleine Madonna, an die er Worte des Dankes richtet oder einen Vorwurf, je nachdem, wie die Ernte des Jahres ausgefallen ist.

Meine bevorzugte Madonna befindet sich auf der Salita di San Sebastianello, diesem steilen atemraubenden Aufgang, der jeden, der auf den Pincio gelangen will, zu einer schonenden Pause der Reflexion zwingt. Es ist ein elegantes marmornes Relief aus dem 18. Jahrhundert, eine Komposition von guter künstlerischer Qualität, auf ein römisches Kapitell aufgesetzt. »Lass mich wenigstens oben ankommen, der ich schwere Beine und einen kurzen Atem habe. Und wenn wir schon dabei sind, verhilf mir zu ein bisschen mehr Geld, und zu ein wenig mehr Kraft, um nicht ins Misstrauen zurückzufallen.« Sie hat den starren Blick des Marmors, sie kann nicht sehr viel tun, aber das Kindlein, das sie im Arm hält, hat die Hand erhoben und scheint zu sagen: »Geh, weil du auf dem rechten Weg bist, vielleicht.«

RAINER MARIA RILKE
Weißt du noch: fallende Sterne

Weißt du noch: fallende Sterne, die
quer wie Pferde durch die Himmel sprangen
über plötzlich hingehaltne Stangen
unsrer Wünsche – hatten wir so viele? –
denn es sprangen Sterne, ungezählt;
fast ein jeder Aufblick war vermählt
mit dem raschen Wagnis ihrer Spiele,
und das Herz empfand sich als ein Ganzes
unter diesen Trümmern ihres Glanzes
und war heil, als überstünd es sie!

KATHERINE MAY
Meteorschauer

Jedes Jahr Ende April ist am Nachthimmel der Lyridenstrom zu sehen, wenn die Erde die Umlaufbahn des Kometen C/1861 G1 (Thatcher) kreuzt und die von ihm hinterlassenen Masseteilchen in der Erdatmosphäre verglühen. Der Radiant befindet sich gleich neben dem Sternbild Lyra, der Leier des Orpheus, die auf Zeus' Geheiß von einem Adler am Himmel platziert wurde. Weil Thatcher einen relativ kurzen Sonnenumlauf hat und alle vierhundertfünfzehn Jahre wiederkehrt, sind die Meteoren ganz besonders hell und schnell und unter Sternenbeobachtern dafür bekannt, eine außergewöhnlich gute Show zu bieten. Ich habe sie noch nie gesehen.

Und Sie? Jedes Jahr lassen sich sehr verlässlich zwölf Meteorschauer über unseren Köpfen beobachten, aber nur wenige von uns machen sich die Mühe, genau das zu tun. Ich weiß, ich weiß: Es ist schwierig. Das Ganze geht mitten in der

Nacht vor sich, wenn es draußen dunkel ist und kalt, und durch die Lichtverschmutzung um uns herum ist es ohnehin so gut wie unmöglich, am Nachthimmel etwas zu sehen. Manchmal ist es bedeckt, oder es regnet, und am nächsten Morgen müssen wir alle zur Arbeit. Trotzdem: Meteoren. Sternschnuppen. Diese Lichtstreifen, die uns so verzaubern, dass wir sogar unsere innigsten Wünsche an sie knüpfen. Das ist doch ein Anblick, der eine gewisse Mühe wert ist?

In der mittelalterlichen Philosophie bestand die Erde aus vier Elementen – Erde, Wasser, Feuer und Luft –, aber das unendliche Universum dahinter war aus einem völlig anderen Stoff gemacht. Nämlich aus Äther, einem ganz besonders verfeinerten Stoff, der alle bislang bekannten Stofflichkeiten übertraf. Äther war so etwas wie die Quintessenz, weder heiß noch kalt, weder nass noch trocken, und im Stande, seine Dichte zu verändern. Er war der Stoff, aus dem die Sterne gemacht waren, das Licht und die Schwerkraft. Ihm wohnte von Natur aus kreisförmige Bewegung inne, und so definierte er die Umlaufbahnen der Planeten.

Ging vom Zauber des Firmaments etwas verloren, als wir begriffen, dass die Himmelskörper aus genau denselben Molekülen bestehen, die es auch bei uns auf der Erde gibt? Vielleicht. Aber heute ist der Nachthimmel auf andere Art etwas Besonderes, denn er entzieht sich unseren Blicken, indem er hinter dem elektrischen Leuchten unseres modernen Lebens verblasst. In einer klaren Nacht können zahllose Sterne wunderbar hell funkeln – vorausgesetzt, bei unseren Nachbarn brennt nicht die Außenbeleuchtung. Tut sie es doch, kann man es vergessen. Dann kann man kaum bis ganz hinten in den Garten sehen, geschweige denn ein Funkeln am Firmament erkennen. Doch auch ohne die Beleuchtung in der Nachbarschaft ist es schwierig, denn die Straßenlaternen und Schaufensterbeleuchtungen verursachen genug Lichtverschmutzung, um den Nachthimmel so zu verdunkeln, dass nur die größten Sterne noch zu sehen sind. Unsere Liebe zu elektrischem Licht entzieht der Welt einiges von ihrem Zauber. Wenn ich einen Meteorstrom sehen möchte – und das möchte ich –, dann muss ich eine kleinere Reise unternehmen.

Im Vereinigten Königreich gibt es eine Handvoll Lichtschutzgebiete, so genannte *Dark Sky Places*, in denen die nächtliche Dunkelheit selbst vor geringfügiger Lichtverschmutzung geschützt wird. Unter anderem die Inseln Coll und Sark gehören dazu, deren Bewohner zugestimmt haben, auf Außenbeleuchtung zu verzichten, um im vollen Glanz der Milchstraße baden zu können. Aber in Zeiten von Reisebeschränkungen konnte ich mir meinen Wunsch, auf der Suche nach totaler Dunkelheit zu den entlegensten britischen Inseln zu reisen, nicht erfüllen. Stattdessen beschloss ich, die fünfhundert Kilometer nach Exmoor zu fahren, wo auch meine Sehnsucht nach meiner Lieblingsküste gestillt werden würde.

Fünf Stunden Autofahrt hin und fünf Stunden zurück, um Meteoren zu beobachten – da wird schon deutlich, welchen Stellenwert derlei Faszinosa für uns haben. Wenn ich den Leuten davon erzähle, heißt es: *Wow, das kann man machen?* Und gleich darauf: *Aber wozu?* Zwischen diesen beiden Äußerungen liegen in der Regel Bruchteile von Sekunden. Grundsätzlich sind wir irgendwie fasziniert von dem, was da draußen ist, aber wir ziehen es doch vor, es bei der theoretischen Faszination zu belassen, es sei denn, die Erfahrung wird uns auf einem Silbertablett serviert. Meteoren haben eine perfekte Position an der Schnittstelle zwischen dem Banalen und dem Besonderen. Sie sind da – aber nur, wenn wir sie suchen. Wir wissen, wenn wir sie finden, wird das eine besondere Erfahrung sein, vielleicht sogar eine, an die wir uns noch Jahre später erinnern werden. Aber gerade, weil sie so regelmäßig auftreten, schieben wir diese Suche immer wieder auf. Meteorenströme sind kein Großereignis wie zum Beispiel eine Sonnenfinsternis. Wir kämen uns albern vor, viel Aufhebens davon zu machen. Das wäre kindisch, und wir sind schließlich erwachsen. Wir befassen uns nicht mit Sternschnuppen.

Ich glaube, so langsam verstehe ich, dass es letztlich allein um die Suche geht. Unsere Faszination wird nicht von großen Dingen ausgelöst, das Erhabene versteckt sich nicht in fernen Landschaften. Das Faszinierende, das Göttliche, umgibt uns ständig und überall. Und wird transformiert, wenn wir bewusst die Aufmerksamkeit darauf richten. Es wird wertvoll, wenn wir es wertschätzen. Es wird bedeutungsvoll, wenn wir ihm Bedeutung beimessen. Wir sind es, die den Zauber beschwören. Hierophanie – die Offenbarung des Heiligen – ist etwas, das wir den Dingen des Alltags geben, nicht umgekehrt. Die Erfahrungen, die uns lehren, wie die Welt funktioniert, die uns trösten und faszinieren, die uns immer weiter hinführen zu einem größeren Verstehen der menschlichen Natur: Sie sind eigentlich nichts Besonderes, nichts Seltenes. Das kommt uns nur so vor, weil uns der Wille fehlt, sie zu suchen. Wenn wir untätig darauf warten, verzaubert zu werden, dann können wir lange warten.

Aber Suchen ist mit Arbeit verbunden. Ich meine damit keine langen Autofahrten, nur um die Sterne zu sehen, die über dem eigenen Haus leuchten. Ich meine ein von Hingabe durchdrungenes Leben: die Welt um sich herum wahrnehmen, aktiv Ausschau halten nach schönen Dingen, sich Zeit nehmen zum Nachdenken. Die Namen der Pflanzen und Orte um einen herum lernen oder den Geist schulen, sich auf den reichen Wegen des Metaphorischen zu bewegen. Eine Möglichkeit finden, die eigene Verbundenheit mit dem Rest der Menschheit auszudrücken. Immer mal wieder die Füße auf den Boden setzen und das Kribbeln des Lebens spüren, mit dem die Erde sich revanchiert. Alles ist da und wartet nur auf unsere Aufmerksamkeit.

WÜNSCHE WERDEN WAHR

RAY BRADBURY
Das Geschenk

Es war ein Tag vor Weihnachten, und noch während die drei zum Raumschiff-Flughafen fuhren, machten Mutter und Vater sich Gedanken. Es war das erste Mal, dass ihr kleiner Sohn in den Weltraum flog, das erste Mal, dass er überhaupt in ein Raumschiff stieg, und sie wollten, dass alles vollkommen war. Als sie am Zolltisch das Geschenk für ihn zurücklassen mussten, das nur wenige Gramm schwerer war, als die vorschriftsmäßige Gewichtsgrenze erlaubte, und auch den kleinen Baum mit den weißen Kerzen, fühlten sie sich um die ganze Weihnachtsfreude und um die eigene Liebe betrogen.

Der Junge erwartete sie im Abfertigungsraum. Während sie nach dem erfolglosen Zusammenstoß mit den interplanetaren Beamten auf ihn zugingen, flüsterten sie miteinander.

»Was sollen wir tun?«

»Nichts. Nichts. Was können wir tun?«

»Diese dämlichen Vorschriften!«

»Und er hatte sich so sehr einen Weihnachts-
baum gewünscht!«

Die Sirene heulte auf, und die Leute drängten
sich in das Marsraumschiff. Mutter und Vater gingen schweigend am Schluss, ihren kleinen blas-
sen Sohn zwischen sich.

»Ich werde mir schon etwas einfallen lassen«,
sagte der Vater.

»Was …?«, fragte der Junge.

Das Raumschiff startete, und sie wurden kopf-
über in den dunklen Weltraum geschleudert.

Das Raumschiff ließ Feuer zurück und die Erde,
auf der man den 24. Dezember des Jahres 2052
schrieb; es schoss hinaus, dorthin, wo es keine
Zeit gab, keinen Monat, kein Jahr, keine Stunde.

Sie verschliefen den restlichen »Tag«. Um Mitter-
nacht irdischer Zeit und nach den New Yorker
Uhren wachte der Junge auf und sagte: »Ich möchte aus der Luke sehen.« Es gab nur oben auf dem
nächsten Deck eine Luke, ein ziemlich großes
»Fenster« mit einer Scheibe aus ungeheuer di-
ckem Glas.

»Jetzt noch nicht«, sagte der Vater. »Ich nehme
dich später mit hinauf.«

»Ich möchte sehen, wo wir sind und wohin wir fliegen.«

»Ich möchte aber aus einem bestimmten Grund, dass du noch wartest«, sagte der Vater.

Er hatte wach gelegen, sich von einer Seite auf die andere gedreht und an das zurückgelassene Geschenk gedacht, an das bevorstehende Weihnachtsfest, den verlorenen Baum mit den weißen Kerzen. Endlich, vor fünf Minuten, hatte er sich aufgerichtet und glaubte nun einen Plan gefunden zu haben. Er brauchte ihn nur auszuführen, damit die Reise wirklich schön wurde.

»In genau einer Stunde ist Weihnachten, mein Sohn«, sagte der Vater.

»Oh«, sagte die Mutter, entsetzt darüber, dass er das Fest erwähnte. Sie hatte gehofft, der Junge würde es vergessen.

Das Gesicht des Jungen rötete sich wie im Fieber, und seine Lippen zitterten. »Ich weiß, ich weiß. Ich kriege doch ein Geschenk, nicht wahr? Bekomme ich einen Baum? Ihr habt mir versprochen …«

»Ja ja, du bekommst sogar noch mehr«, antwortete der Vater.

»Aber …«, begann die Mutter.

»Es ist mein Ernst«, sagte der Vater. »Du kannst dich darauf verlassen. All das und noch mehr, viel mehr. Entschuldigt mich jetzt. Ich komme gleich wieder.«

Er ließ sie ungefähr zwanzig Minuten allein. Als er wiederkam, lächelte er. »Gleich ist es so weit.«

»Darf ich deine Uhr halten?«, fragte der Junge. Er bekam die Uhr und hielt sie in der Hand, während der Rest der Stunde in Feuer und Stille und unmerklicher Bewegung verstrich.

»Jetzt ist Weihnachten! Weihnachten! Wo ist das Geschenk?«

»Hierher«, sagte der Vater, fasste den Jungen bei der Schulter und führte ihn aus dem Raum, durch einen Flur und eine schräge Treppe hinauf; seine Frau kam nach.

»Ich verstehe nicht«, sagte sie immer wieder.

»Du wirst schon verstehen. Wir sind da«, sagte der Vater.

Sie blieben vor der Tür einer großen Kabine stehen.

Der Vater klopfte dreimal und dann zweimal, ein Signalzeichen. Die Tür öffnete sich, das Licht in der Kabine erlosch, und man hörte Stimmen flüstern.

»Geh hinein, mein Sohn«, sagte der Vater.

»Es ist so dunkel.«

»Ich halte dich an der Hand. Komm, Mama.«

Sie traten in den Raum, die Tür schloss sich hinter ihnen, und der Raum war wirklich sehr dunkel.

Vor ihnen tauchte ein großes Glasauge auf, die Luke, ein Fenster, etwa einen Meter zwanzig hoch und einen Meter achtzig breit, durch das sie in den Weltraum hinausschauen konnten.

Der Junge erschrak.

Hinter ihm erschraken auch die Eltern, aber jetzt fingen in der dunklen Kabine ein paar Menschen an zu singen.

»Fröhliche Weihnachten, mein Sohn«, sagte der Vater.

Die Stimmen sangen die alten, vertrauten Weihnachtslieder. Der Junge ging langsam vorwärts und presste dann sein Gesicht an das kalte Glas der Luke. Da stand er lange Zeit und schaute hinaus in den Weltraum, in die tiefe Nacht, in der zehn Milliarden hübsche weiße Kerzen brannten …

SIEGFRIED LENZ
Die Nacht im Hotel

Der Nachtportier strich mit seinen abgebisse-
nen Fingerkuppen über eine Kladde, hob be-
dauernd die Schultern und drehte seinen Körper
zur linken Seite, wobei sich der Stoff seiner Uni-
form gefährlich unter dem Arm spannte.
»Das ist die einzige Möglichkeit«, sagte er. »Zu so
später Stunde werden Sie nirgendwo ein Einzel-
zimmer bekommen. Es steht Ihnen natürlich frei,
in anderen Hotels nachzufragen. Aber ich kann
Ihnen schon jetzt sagen, daß wir, wenn Sie ergeb-
nislos zurückkommen, nicht mehr in der Lage
sein werden, Ihnen zu dienen. Denn das freie Bett
in dem Doppelzimmer, das Sie – ich weiß nicht
aus welchen Gründen – nicht nehmen wollen, wird
dann auch einen Müden gefunden haben.«
»Gut«, sagte Schwamm, »ich werde das Bett nehmen. Nur, wie Sie vielleicht verstehen werden,
möchte ich wissen, mit wem ich das Zimmer
zu teilen habe; nicht aus Vorsicht, gewiß nicht,
denn ich habe nichts zu fürchten. Ist mein Part-

ner – Leute, mit denen man eine Nacht verbringt, könnte man doch fast Partner nennen – schon da?«

»Er schläft«, wiederholte Schwamm, ließ sich die Anmeldeformulare geben, füllte sie aus und reichte sie dem Nachtportier zurück; dann ging er hinauf.

Unwillkürlich verlangsamte Schwamm, als er die Zimmertür mit der ihm genannten Zahl erblickte, seine Schritte, hielt den Atem an, in der Hoffnung, Geräusche, die der Fremde verursachen könnte, zu hören, und beugte sich dann zum Schlüsselloch hinab. Das Zimmer war dunkel. In diesem Augenblick hörte er jemanden die Treppe heraufkommen und so tun, als ob er sich im Korridor geirrt habe. Eine andere Möglichkeit bestand darin, in das Zimmer zu treten, in welches er rechtmäßig eingewiesen worden war und in dessen einem Bett bereits ein Mann schlief.

Schwamm drückte die Klinke herab. Er schloß die Tür wieder und tastete mit flacher Hand nach dem Lichtschalter. Da hielt er plötzlich inne: Neben ihm – und er schloß sofort, daß da die

Betten stehen müßten – sagte jemand mit einer dunklen, aber auch energischen Stimme:

»Halt! Bitte machen Sie kein Licht. Sie würden mir einen Gefallen tun, wenn Sie das Zimmer dunkel ließen.«

»Haben Sie auf mich gewartet?« fragte Schwamm erschrocken; doch er erhielt keine Antwort. Statt dessen sagte der Fremde:

»Stolpern Sie nicht über meine Krücken, und seien Sie vorsichtig, daß Sie nicht über meinen Koffer fallen, der ungefähr in der Mitte des Zimmers steht. Ich werde Sie sicher zu Ihrem Bett dirigieren: Gehen Sie drei Schritte an der Wand entlang, und dann wenden Sie sich nach links, und wenn Sie wiederum drei Schritte getan haben, werden Sie den Bettpfosten berühren können.«

Schwamm gehorchte: Er erreichte sein Bett, entkleidete sich und schlüpfte unter die Decke. Er hörte die Atemzüge des anderen und spürte, daß er vorerst nicht würde einschlafen können.

»Übrigens«, sagte er zögernd nach einer Weile, »meine Name ist Schwamm.«

»So«, sagte der andere.

»Ja.«

»Sind Sie zu einem Kongreß hierhergekommen?«

»Nein, und Sie?«

»Nein.«

»Geschäftlich?«

»Nein, das kann man nicht sagen.«

»Wahrscheinlich habe ich den merkwürdigsten Grund, den je ein Mensch hatte, um in die Stadt zu fahren«, sagte Schwamm. Auf dem nahen Bahnhof rangierte ein Zug. Die Erde zitterte, und die Betten, in denen die Männer lagen, vibrierten.

»Wollen Sie in der Stadt Selbstmord begehen?«, fragte der andere.

»Nein«, sagte Schwamm, »sehe ich so aus?«

»Ich weiß nicht, wie Sie aussehen«, sagte der andere, »es ist dunkel.«

Schwamm erklärte mit banger Fröhlichkeit in der Stimme:

»Gott bewahre, nein. Ich habe einen Sohn, Herr … (der andere nannte nicht seinen Namen), einen kleinen Lausejungen, und seinetwegen bin ich hierhergefahren.«

»Ist er im Krankenhaus?«

»Wieso denn? Er ist gesund, ein wenig bleich zwar, das mag sein, aber sonst sehr gesund. Ich wollte Ihnen sagen, warum ich hier bin, hier bei Ihnen, in diesem Zimmer. Wie ich schon sagte, hängt das mit meinem Jungen zusammen. Er ist äußerst sensibel, mimosenhaft, er reagiert bereits, wenn ein Schatten auf ihn fällt.«

»Also ist er doch im Krankenhaus.«

»Nein«, rief Schwamm, »ich sagte schon, daß er gesund ist, in jeder Hinsicht. Aber er ist gefährdet, dieser kleine Bengel hat eine Glasseele, und darum ist er bedroht.«

»Warum begeht er nicht Selbstmord?« fragte der andere.

»Aber hören Sie, ein Kind wie er, ungereift, in solch einem Alter! Warum sagen Sie das? Nein, mein Junge ist aus folgendem Grunde gefährdet: Jeden Morgen, wenn er zur Schule geht – er geht übrigens immer allein dorthin – jeden Morgen muß er vor einer Schranke stehen bleiben und warten, bis der Frühzug vorbei ist. Er steht dann da, der kleine Kerl, und winkt, winkt heftig und freundlich und verzweifelt.«

»Ja und?«

»Dann«, sagte Schwamm, »dann geht er in die Schule, und wenn er nach Hause kommt, ist er verstört und benommen, und manchmal heult er auch. Er ist nicht imstande, seine Schularbeiten zu machen, er mag nicht spielen und nicht sprechen: Das geht nun schon seit Monaten so, jeden lieben Tag. Der Junge geht mir kaputt dabei.«

»Was veranlaßt ihn denn zu solchem Verhalten?«

»Sehen Sie«, sagte Schwamm, »das ist merkwürdig: Der Junge winkt, und – wie er traurig sieht – es winkt ihm keiner der Reisenden zurück. Und das nimmt er sich so zu Herzen, daß wir – meine Frau und ich – die größten Befürchtungen haben. Er winkt, und keiner winkt zurück; man kann die Reisenden natürlich nicht dazu zwingen, und es wäre absurd und lächerlich, eine diesbezügliche Vorschrift zu erlassen, aber …«

»Und Sie, Herr Schwamm, wollen nun das Elend Ihres Jungen aufsaugen, indem Sie morgen den Frühzug nehmen, um dem Kleinen zu winken?«

»Ja«, sagte Schwamm, »ja.«

»Mich«, sagte der Fremde, »gehen Kinder nichts an. Ich hasse sie und weiche ihnen aus, denn ihretwegen habe ich – wenn man's genau nimmt – meine Frau verloren. Sie starb bei der Geburt.«

»Das tut mir leid«, sagte Schwamm und stützte sich im Bett auf. Eine angenehme Wärme floß durch seinen Körper; er spürte, daß er jetzt würde einschlafen können.

Der andere fragte: »Sie fahren nach Kurzbach, nicht wahr?«

»Ja.«

»Und Ihnen kommen keine Bedenken bei Ihrem Vorhaben? Offener gesagt: Sie schämen sich nicht, Ihren Jungen zu betrügen? Denn, was Sie vorhaben, Sie müssen es zugeben, ist doch ein glatter Betrug, eine Hintergehung.«

Schwamm sagte aufgebracht: »Was erlauben Sie sich, ich bitte Sie, wie kommen Sie dazu!« Er ließ sich fallen, zog die Decke über den Kopf, lag eine Weile überlegend da und schlief dann ein.

Als er am nächsten Morgen erwachte, stellte er fest, daß er allein im Zimmer war. Er blickte auf die Uhr und erschrak: Bis zum Morgenzug blieben ihm noch fünf Minuten, es war ausgeschlossen, daß er ihn noch erreichte.

Am Nachmittag – er konnte es sich nicht leisten, noch eine Nacht in der Stadt zu bleiben – kam er niedergeschlagen und enttäuscht zu Hause an.

Sein Junge öffnete ihm die Tür, glücklich, außer sich vor Freude. Er warf sich ihm entgegen und hämmerte mit den Fäusten gegen seinen Schenkel und rief:

»Einer hat gewinkt, einer hat ganz lange gewinkt.«

»Mit einer Krücke?« fragte Schwamm.

»Ja, mit einem Stock. Und zuletzt hat er sein Taschentuch an den Stock gebunden und es so lange aus dem Fenster gehalten, bis ich es nicht mehr sehen konnte.«

WISŁAWA SZYMBORSKA
Lob der Träume

Im Traum
male ich wie Vermeer van Delft.

Ich spreche fließend Griechisch,
nicht nur mit Zeitgenossen.

Ich fahre ein Auto,
das mir gehorcht.

Ich bin begabt,
schreibe große Poeme.

Ich höre Stimmen,
wie die wahren Heiligen, nicht minder.

Ihr würdet staunen
über die Herrlichkeit meines Klavierspiels.

Ich fliege, wie sich's gehört,
also aus mir heraus.

Fallend vom Dach,
vermag ich weich ins Grüne zu fallen.

Es macht mir nichts aus,
unter Wasser zu atmen.

Ich beklage mich nicht:
Ich habe Atlantis entdeckt.

Es freut mich, dass ich aus dem Sterben
immer wieder erwache.

Gleich nach Ausbruch des Krieges
dreh ich mich um, auf die bessere Seite.

Ich bin, doch muss ich es nicht,
Kind meiner Zeit.

Vor einigen Jahren
sah ich zwei Sonnen.

Und vorgestern einen Pinguin.
Vollkommen deutlich.

ELKE HEIDENREICH
Rollschuhe

Meine Großmutter väterlicherseits war sehr schlagfertig. Sie ist 99 Jahre alt geworden, kurz vor ihrem hundertsten Geburtstag sah sie all die Vorbereitungen, die getroffen wurden, und sagte: »Jetzt hab ich keine Lust mehr, und auf den ganzen Blödsinn, den ihr da plant, schon erst recht nicht« – legte sich ins Bett und wachte einfach nicht mehr auf.

Als sie neunzig geworden war, hatten alle sie gefragt: »Oma, was wünschst du dir denn zum Geburtstag? Gibt es irgendetwas, was dir richtig Freude machen würde?« Sie wusste, es würde wieder nur warme Wolldecken, Eierlikör und Pantoffeln geben, und sagte zu meinem Vater, dem lustigsten ihrer Söhne: »Was soll ich mir wünschen, vielleicht Rollschuhe?«

Natürlich schenkte er ihr Rollschuhe, und sie war außer sich vor Vergnügen. Als der Bürgermeister der Stadt Essen mit Fresskorb, Blumen und Fotograf kam, ließ sie sich stolz mit den Rollschuhen auf dem Schoß ablichten und bestand darauf, dass in der Zeitung erwähnt wurde: »Am meisten freute sich die Jubilarin über ihre neuen Hudora-Rollschuhe.« In der Schule wurde ich gefragt: »Ist das wahr? Deine Oma fährt Rollschuh?«

»Na klar«, sagte ich.

So fängt ja Geschichtenerzählen oft an.

STEFAN ZWEIG

Die Kunst, ohne Sorgen zu leben

Es wäre undankbar, wenn ich den Mann vergessen hätte, der mir zwei der schwersten Dinge
auf Erden gezeigt: wie man durch innere Souveränität sich der stärksten Macht dieser Erde,
dem Geld, entziehen kann. Und wie man mitten
unter Menschen zu leben vermag, ohne einen
einzigen Feind zu haben. Ich habe ehrlich versucht, ihm diese seltene Meisterschaft abzulau-
schen. Aber ich gestehe, dass es mir weder in
dem einen noch in dem anderen Fall bisher gelungen ist.

Ich lernte diesen einmaligen Menschen in der
kleinen Stadt, in der ich damals wohnte, auf
die einfachste Weise kennen. Eines Nachmittags
führte ich meinen treuen Spaniel, genannt Kaspar, spazieren, der sonst übermütig mir voraus-
wedelte, diesmal aber sich höchst närrisch benahm.
Er wälzte sich mit dem Rücken ingrimmig auf
der Erde, die vier Beine in der Luft, rieb sich an
jedem Baum, heulte, murrte und knurrte unab-

lässig. Aber ich hielt dies für eine Unart des Früh-
lings und achtete nicht weiter darauf.

Mit einmal spürte ich, dass jemand mir zur Seite ging. Ich blickte auf und sah einen etwa drei-
ßigjährigen, ärmlich gekleideten Mann ohne
Hut, ohne Kragen Schulter an Schulter mit mir
Schritt halten. Ein Bettler, dachte ich unwillkürlich und wollte schon in die Tasche greifen. Aber
ruhig lächelte aus blauen, klaren, hell bestirnten
Augen dieser Fremde mir zu, als wären wir alte
Freunde. »Er hat eine Zecke, der arme Kerl«,
deutete er auf meinen Hund hin. »Ich hab's
gleich bemerkt. Komm, gehen wir hinüber zur
Bank drüben im Park. Ich krieg sie schon heraus.«

Ich muss nun hier bemerken, dass in der deut-
schen Sprache sich nur jene Leute Du sagen, die
gleichen Standes und seit Jahren miteinander
intim vertraut sind; sofern ich also auf bürger-
liche Sitte Gewicht gelegt hätte, hätte ich diesen
Unbekannten, der mich derart intim ansprach,
grob abfertigen müssen. Aber in der Vertraulich-
keit seines Blickes lag eine solche Herzlichkeit,
dass sein Vorschlag auf mir nicht ganz erklär-

liche Weise den Charakter eines Befehls annahm. Ohne zu zögern, überquerte ich an seiner Seite die Straße. Wir setzten uns nebeneinander auf die Bank. Er lockte mit einem scharfen Pfiff den Hund heran.

Und sonderbar: Mein Kaspar, der sonst jeden neuen Menschen umständlich beschnüffelte, ehe er sich von ihm berühren ließ, legte ebenso gehorsam, wie ich selbst gerade gewesen, auf den ersten Wink dem fremden Menschen den Kopf mit den schweren Ohren auf die Knie. Der Unbekannte suchte mit seinen langen, harten Fingern, an denen die Nägel merkwürdig hell aufleuchteten, eine Zeitlang in dem Fall hin und her. Dann klemmte er nach einem zufriedenen »Aha« das geduldige Tier zwischen die Knie und begann eine längere Operation. Sie mochte schmerzhaft sein, denn Kaspar wimmerte mehrmals leise, machte jedoch keinen Versuch, sich loszureißen, und hielt auf seinen krampfhaft eingestemmten, nervös zitternden Beinen still.

Plötzlich ließ ihn der Fremde aus dem Schraubstock der Knie, lachte laut »Da haben wir's« und hielt etwas triumphierend hoch. »Na, lauf los, Hun-

derl«, rief er dem noch zitternden Tier zu, das
ihn sofort verstand und wie ein Kreisel loswir-
belte. Dann stand der Fremde auf, winkte mir
»Grüß Gott« zu und ging gleichmäßig weiter mit
seinem sicheren Gang wie jemand, der seine
Sache erledigt hat.

Ich war so verblüfft über dieses plötzliche Fort-
gehen, dass es mir erst später einfiel, ich hätte
diesem sichtlich furchtbar armen Menschen für
seine Mühe doch etwas schenken müssen, etwas
Geld oder ein paar Zigaretten, zumindest jeden-
falls hätte ich ihm danken müssen. Aber es war
in dem Weggehen dieses Menschen die gleiche
abschließende Sicherheit und Selbstverständlichkeit gewesen wie in seinem Kommen. Er hatte
seine Sache getan, ganz wie er wollte, ohne sich
anzubieten oder danken zu lassen, und ich würde heute mit grauen Haaren noch viel dafür geben, wenn ich es lernen könnte, ein Gespräch
mit einem Fremden so souverän zu beginnen
und zu beenden. Noch immer über die sonderbare Art dieses Menschen nachdenkend, ging
ich nach Hause, und da in unserem Hause Kaspar die weitaus wichtigste Person war, konnte

ich nicht umhin, von seinem Abenteuer zu berichten. Und sofort bemerkte unsere alte Köchin mit begeisterter Selbstverständlichkeit: »Ah, das war der Anton. Der sieht halt alles.«

Dadurch erfuhr ich, dass der hilfreiche Samariter Anton hieß, und fragte nun weiter nach seinem Berufe und was er eigentlich mache. »Nichts«, sagte unsere Köchin ärgerlich, als hätte ich sie persönlich beleidigt, und fügte bei, wie Frauen immer mit einer Frage antwortend: »Was braucht der einen Beruf?«

Um sie nicht herauszufordern, bemerkte ich nur ganz vorsichtig, dass jeder Mensch doch von irgendetwas leben müsse. »Ah, der braucht nix«, sagte sie stolz, »dem gibt jeder gern alles, was er braucht.« Nun musste ich beschämt die Tatsache eingestehen, dass sich dieser sonderbare Anton gerade von mir nichts hatte geben lassen. Aber das bestärkte unsere Köchin nur in ihrem Stolz. »Ja, der bittet keinen um was. Der pfeift aufs Geld, der hat's nicht notwendig.«

Nun, das war sonderbar. Bisher hatte ich immer geglaubt, dass jeder Mensch zum Leben Geld notwendig habe und wer keines besitze, sich's mit irgendeiner bestimmten Art Arbeit verdienen müsse. Ich wusste, dass man in dieser kleinen Stadt wie in jeder anderen der Welt jedes Stück Brot und jedes Glas Bier, seine Schlafstelle und seinen Rock bar bezahlen musste, die Reichen manchmal erst nach einer Woche oder einem Monat, die Armen sofort. Dass hier wie überall keinerlei Arbeit umsonst getan wurde, sondern jede sogar nach einem bestimmten, von den Gewerkschaften genau festgesetzten Tarif. Wie machte es also der kleine magere Bursche mit den durchgedrückten Hosen, dies Gesetz zu durchbrechen? Wie entzog er sich dem feinmaschigen Netz von Vereinbarungen und Tarifen, das heute unsere ganze Welt umspannt, und war doch – dies hatte ich gleich bei unserer ersten Begegnung bemerkt – völlig sorglos und glücklich dabei? Ich beschloss, seine besondere Methode auszukundschaften, und musste schon nach wenigen Tagen unserer Köchin recht geben: Dieser Anton hatte in der Tat keinerlei bestimmten Beruf, er ging wirklich den ganzen Tag spazieren. Jeden Morgen zog er los und schlenderte durch die Stadt, allerdings mit den wachsamsten, klügsten Augen, die ein Mensch unter der Stirn haben kann. Er beobachtete alles und bemerkte alles. Er hielt einen Fuhrmann an und machte ihn aufmerksam, dass das Pferd schlecht gezäumt sei. Der lachte und ließ es ihn besorgen, weil es richtig war. Dann ging er an einem Zaun vorbei, winkte dem Besitzer und ermahnte ihn, das schon morsche Holz streichen zu lassen, sofort betraute der Gartenbesitzer ihn damit. Jeder ließ ihn alles tun, was er vorschlug, weil jeder wusste, dass Anton keineswegs aus Geldgier, sondern nur uneigennützig und ehrlich auf jeden Schaden hinwies. In wie vielen Beschäftigungen habe ich ihn aushelfend gesehen – einmal traf ich ihn in einem Schusterladen sitzend und Schuhe reparierend, einmal als Aushilfskellner bei einem Fest, einmal Kinder spazieren führend, ein andermal auf dem Markt mitten unter den Weibern Äpfel verkaufend: Die Frau lag im Wochenbette, und so hatte sie – jeder wendet sich in solchen Fällen an ihn – für die paar Tage ihn als Aushilfe auf ihren Platz gesetzt.

Immerhin, solche fixe Burschen, die alles können und zu allem zu brauchen sind, gibt es in vielen Exemplaren. Das Besondere und Einmalige aber an diesem Anton war, dass er strikt ablehnte, sich auch für viele Stunden harter Arbeit mehr Geld geben zu lassen, als er gerade für diesen einen Tag brauchte; wenn es ihm gut ging, weigerte er sich standhaft, eine Bezahlung anzunehmen. »Ich komm schon später einmal zu dir, wenn ich was brauch«, sagte er in solchen Fällen. Und bald ward ich gewahr: Dieser hagere, meist schlecht rasierte, zerschlissene Bursche hatte also für seine Person ein neues, durchaus antikapitalistisches System erfunden: Er vertraute auf die Anständigkeit der Menschen. Statt sich Geld auf ein Sparbuch zu deponieren, legte er sich lieber bei fast allen Leuten dieser kleinen Stadt ein mobiles Kapital von moralischen Verpflichtungen an: Er investierte sein bisschen Besitz in unsichtbares Guthaben, denn selbst der Hartnäckigste und Misstrauischste konnte sich einem gewissen Schuldnergefühl gegenüber einem Menschen nicht entziehen, der mit seiner Arbeit, seinem Können nicht Handel trieb, sondern alles, um das man ihn anging, mit leichten und unbesorgten Händen tat, ohne sofortige Entlohnung zu fordern. Man musste Anton nur auf der Straße nachsehen, um zu merken, wie die Leute ihn darum als etwas Besonderes respektierten; jeder grüßte ihn herzlich, jeder schüttelte ihm die Hand, und nie habe ich so gut die Macht eines Menschen verstanden, der das große Lebensgeheimnis einfach im Blut hat, sich vor dem Morgen nicht zu fürchten und wirklich, wie man es in den Schulbüchern liest, auf Gott zu vertrauen. Sicherlich der Ärmste von allen, ging dieser Nichtstuer und Allestuer, ging dieser einfache, unbesorgte Mensch in seinem schlechten Rock durch die kleine Stadt wie ein Gutsherr, der sein Gut inspiziert, leutselig, freundlich; er konnte in jede Tür treten, sich an jeden Tisch setzen, alles stand ihm offen, weil er nichts wollte als das Notdürftigste. Bald verstand ich das Geheimnis seiner Macht über die Menschen – er diente nicht für Geld, sondern aus Menschlichkeit, und darum achteten ihn alle.

Nun muss ich offen eingestehen, dass es jetzt, da ich ihn beobachtet hatte, mich allmählich zu ärgern begann, dass er gerade an mir bloß mit leichtem Gruß wie an einem halb Fremden vor-

überging; offenbar war er in seiner Feinfühlig-
keit der Meinung, dass ich als Schriftsteller ihn
zu nichts brauchen konnte, und ich fühlte mich
durch diese höfliche Gleichgültigkeit irgendwie
aus einer sehr großen und herzlichen Gemeinschaft ausgeschlossen. So benützte ich die nächste Gelegenheit, als in unserem Hause etwas nicht
in Ordnung war – eine Dachrinne ließ Wasser
durch –, als Vorwand, um der Köchin vorzuschla-
gen, ob man nicht Anton die Sache zeigen solle.
Vielleicht könnte er herausbringen, wo der Fehler steckte. Sie sollte ihm schreiben oder zu ihm
schicken. »Zu dem kann man nicht schicken, der
wohnt immer bei wem andern, wo sich's gerade
trifft«, antwortete sie. »Und schreiben kann man
ihm auch nicht. Aber ich lass ihm's schon sagen.« Wieder hatte ich etwas von dem sonder-
baren Menschen gelernt, er hatte als rechter Zug-
vogel keine Wohnung, keine Adresse. Und doch
war niemand leichter zu erreichen als er, eine
Art drahtloser Telefonie verband ihn mit der
ganzen Stadt. Es genügte, dem Erstbesten auf der
Straße zu sagen: »Ich brauch den Anton«, der
sagte es wieder dem Nächsten weiter und so fort,

bis einer ihn traf. Und tatsächlich, schon am Nachmittag war er da. Mit seinen klugen hellen Augen sah er alles im Hause an, mahnte im Vorbeigehen durch den Garten, dass dort ein Strauch geschnitten werden sollte, hier ein junger Baum umgesetzt. Wir führten ihn zum Dach, er untersuchte die Rinne, konstatierte nach ein paar Minuten »Hier sitzt es« und begann schon zu arbeiten.

Es war eine Lust zu sehen, wie geschickt er zupackte, aber leider hatte ich nicht die Zeit, ihm lange zuzusehen, Freunde aus Frankreich waren angesagt, und nach zwei Stunden hatte ich den guten Anton schon im Gespräch völlig vergessen. Da klopfte es und er trat in unser Zimmer in Hemdsärmeln, aber gar nicht befangen vor den fremden Leuten. »Bleib nur sitzen! Ich stör dich nicht«, sagte er mit seiner freundlichen Sicherheit und lächelte den fremden eleganten Leuten gutmütig zu, »ich wollt dir nur sagen, es ist schon alles in Ordnung. Schau dir's nachher an. Grüß Gott.«

Wieder war er weg, ohne dass ich ihm hatte danken können. Aber diesmal lief ich wenigstens noch rasch hinaus zur Köchin, sie sollte ihn gut bezahlen, denn ich selbst – so stark war die Freiheit vom Geld, die von diesem Menschen ausging – hätte nie den Mut gehabt, ihm welches anzubieten. Dann erst ging ich zu unseren Besuchern zurück. Aber nach ein paar Minuten überkam mich die Unruhe, ob die Köchin ihm reichlich genug bezahlt habe; ich ließ sie kommen und fragte, ob er zufrieden gewesen sei. »Aber natürlich«, antwortete sie. »Der ist immer zufrieden. Sechs Schilling hab ich ihm geben wollen, aber er hat nur zwei genommen. Das reicht für heut und morgen, hat er gesagt. Aber wenn der Herr Doktor einmal einen alten warmen Rock überflüssig hätt', das wär halt schön, hat er gesagt.«

Ich kann schwer beschreiben, welche Art plötzlicher Freude ich empfand, diesem ersten Menschen, der weniger nahm, als man ihm gab, etwas anbieten zu dürfen, was er sich innerlich wünschte. Diese Pflicht schien mir wichtiger als alle Höflichkeit. Ziemlich rücksichtslos ließ ich meine Gäste im Stich und rannte ihm nach bis zum Gartentor. »Anton! Anton! Ich gebe Ihnen gleich einen Rock mit.« Wieder kam mir das heitere ruhige Licht seiner Augen entgegen. Er war nicht im Mindesten erstaunt, dass ich ihm nachgelaufen war. In seiner Weltauffassung war es vollkommen selbstverständlich, dass jemand, der einen überflüssigen Rock besitzt, ihn dem anderen anbietet, der gern einen haben möchte. Gelassen folgte er mir und eilig ließ ich von alten Kleidern, Schuhen, Hemden alles Erreichbare zusammenholen. Er sah den ganzen aufgehäuften Packen sorgfältig mit einem sachlichen Blick an, nahm den Rock, probierte ihn an und sagte dann ruhig: »Ja, den kann ich brauchen.« – Er sagte es absolut in dem Ton, wie eine Millionärin beim Juwelier einen Ring sich auswählt. Er sagte es nicht wie einer, der eine Sache geschenkt bekommt, sondern mit der Souveränität eines Herrn im Kaufladen, der ohne nach dem Preis zu fragen, von den vorgelegten Stücken sich zu einem entschließt. »Ja, der ist schön«, wiederholte er zufrieden, dann blickte er mit sinnendem Blick auf die anderen Sachen. »Die Bergschuh dorten gibst dem Fritz in der Salsergassn, der braucht welche, und die Hemden dem Josef vom Platzl, der kann sie sich selber flicken. Wenn du willst, bring ich sie dir hin« – wieder sagte er es im großmütigen Ton eines Angebotes, so dass ich beinahe das Gefühl hatte, ich müsste ihm noch danken dafür, dass er die mir gehörigen Sachen an mir völlig fremde Personen verteilte. Sorgfältig knotete er die Dinge in einen Packen und lud ihn auf die Schulter. Dann sagte er noch herzlich herablassend: »Ja, du bist ein braver Kerl. Schön von dir, dass'd das alles hergibst«, und war verschwunden.

Sonderbar, keine begeisterte Besprechung irgendeines meiner Bücher hat mich dermaßen gefreut in meinem Leben wie die naive Art des Lobes. Ich habe oft noch an diesen Anton gedacht und immer voll Dank, denn wenige Menschen haben mir innerlich so sehr geholfen. Oft wenn ich mir kleine, dumme Sorgen um Geld machte, erinnerte ich mich an diesen Menschen, der ruhig und vertrauensvoll in den Tag lebte, weil er nicht mehr wollte als genug für diesen einzigen Tag. Wie oft habe ich ihn noch in seinem armen Aufzug gesehen, aber nie anders als heiter und unbesorgt, und immer mir dann gedacht: Wenn alle Menschen untereinander dies Geheimnis der Reziprozität des Vertrauens lernten, müsste es keine Polizei geben, keine Gerichte, keine Gefängnisse und kein Geld. Unser ganzes kompliziertes ökonomisches System, das sich immer wieder selbst ad absurdum führt und zum »sozialen Problem« wird, wäre vielleicht gelöst, wenn alle lebten wie dieser Eine, der nur genau so viel nahm, als er brauchte, und so viel von sich gab, als er vermochte. Jetzt weiß ich schon seit Jahren nichts mehr von ihm. Aber um wenige Menschen habe ich so wenig Sorge als um ihn: Ich weiß, diesen Mann wird Gott und, was seltener ist, ihn werden sogar die Menschen nicht im Stich lassen.

ROBERT WALSER
Mittagspause

Ich lag eines Tages, in der Mittagspause, im Gras,
unter einem Apfelbaum. Heiß war es, und es
schwamm alles in einem leichten Hellgrün vor
meinen Augen. Durch den Baum und durch das
liebe Gras strich der Wind. Hinter mir lag der
dunkle Waldrand mit seinen ernsten, treuen
Tannen. Wünsche gingen mir durch den Kopf.
Ich wünschte mir eine Geliebte, die zum süßen
duftenden Wind passte. Da ich nun die Augen
schloss und so dalag, mit gegen den Himmel ge-
richtetem Gesichte, bequem und träg auf dem
Rücken, umsummt vom sommerlichen Gesumm,
erschienen mir, aus all der sonnigen Meeres-
und Himmelshelligkeit herab, zwei Augen, die
mich unendlich liebenswürdig anschauten. Auch
die Wangen sah ich deutlich, die sich den meinigen näherten, als wollten sie sie berühren, und
ein wunderbar schöner, wie aus lauter Sonne
geformter, feingeschweifter und üppiger Mund
kam aus der rötlich-bläulichen Luft nahe bis zu

dem meinigen, ebenfalls so, als wolle er ihn berühren. Das Firmament, das ich zugedrückten Auges sah, war ganz rosarot, umsäumt von edlem Sammetschwarz. Es war eine Welt von lichter Seligkeit, in die ich schaute. Doch da öffnete ich dummerweise plötzlich die Augen, und da waren Mund und Wangen und Augen verschwunden, und des süßen Himmelskusses war ich mit einmal beraubt. Auch war es ja Zeit, in die Stadt hinunterzugehen, in das Geschäft, an die tägliche Arbeit. Soviel ich mich erinnere, machte ich mich nur ungern auf die Beine, um die Wiese, den Baum, den Wind und den schönen Traum zu verlassen. Doch in der Welt hat alles, was das Gemüt bezaubert und die Seele beglückt, seine Grenze, wie ja auch, was uns Angst und Unbehagen einflößt, glücklicherweise begrenzt ist. So sprang ich denn hinunter in mein trockenes Bureau und war hübsch fleißig bis an den Feierabend.

ERICH KÄSTNER
Das Märchen vom Glück

Siebzig war er gut und gern, der alte Mann, der
mir in der verräucherten Kneipe gegenüber-
saß.

Sein Schopf sah aus, als habe es darauf geschneit,
und die Augen blitzten wie eine blank gefegte
Eisbahn. »Oh, sind die Menschen dumm«, sagte er und schüttelte den Kopf, dass ich dachte,
gleich müssten Schneeflocken aus seinem Haar
aufwirbeln. »Das Glück ist ja schließlich keine
Dauerwurst, von der man sich täglich seine Scheibe herunterschneiden kann!«

»Stimmt«, meinte ich, »das Glück hat ganz und
gar nichts Geräuchertes an sich. Obwohl …«

»Obwohl!?«

»Obwohl gerade Sie aussehen, als hinge bei Ihnen zu Hause der Schinken des Glücks im Rauchfang.«

»Ich bin eine Ausnahme«, sagte er und trank einen Schluck. »Ich bin die Ausnahme. Ich bin nämlich der Mann, der einen Wunsch freihat.« Er

blickte mir prüfend ins Gesicht, und dann erzählte er seine Geschichte.

»Das ist lange her«, begann er und stützte den Kopf in beide Hände, »sehr lange. Vierzig Jahre. Ich war noch jung und litt am Leben wie an einer geschwollenen Backe. Da setzte sich, als ich eines Mittags verbittert auf einer grünen Parkbank hockte, ein alter Mann neben mich und sagte beiläufig: ›Also gut. Wir haben es uns überlegt. Du hast drei Wünsche frei.‹ Ich starrte in meine Zeitung und tat, als hätte ich nichts gehört. ›Wünsch dir, was du willst‹, fuhr er fort, ›die schönste Frau oder das meiste Geld oder den größten Schnurrbart, das ist deine Sache. Aber werde endlich glücklich! Deine Unzufriedenheit geht uns auf die Nerven.‹ Er sah aus wie der Weihnachtsmann in Zivil. Weißer Vollbart, rote Apfelbäckchen, Augenbrauen wie aus Christbaumwatte. Gar nichts Verrücktes. Vielleicht ein bisschen zu gutmütig. Nachdem ich ihn eingehend betrachtet hatte, starrte ich wieder in meine Zeitung. ›Obwohl es uns nichts angeht, was du mit deinen drei Wünschen machst‹, sagte er, ›wäre es natürlich kein Fehler, wenn du dir die

Angelegenheit vorher genau überlegtest. Denn drei Wünsche sind nicht vier Wünsche oder fünf, sondern drei. Und wenn du hinterher noch immer neidisch und unglücklich wärst, könnten wir dir und uns nicht mehr helfen.‹

Ich weiß nicht, ob Sie sich in meine Lage versetzen können. Ich saß auf einer Bank und haderte mit Gott und der Welt. In der Ferne klingelten die Straßenbahnen. Die Wachtparade zog irgendwo mit Pauken und Trompeten zum Schloss. Und neben mir saß nun dieser alte Quatschkopf!«

»Sie wurden wütend?«

»Ich wurde wütend. Mir war zumute wie einem Kessel kurz vorm Zerplatzen. Und als er sein weiß wattiertes Großvatermündchen von neuem aufmachen wollte, stieß ich zornzitternd hervor: ›Damit Sie alter Esel mich nicht länger duzen, nehme ich mir die Freiheit, meinen ersten unsinnigsten Wunsch auszusprechen: Scheren Sie sich zum Teufel!‹ Das war nicht fein und höflich, aber ich konnte einfach nicht anders. Es hätte mich sonst zerrissen.«

»Und?«

»Was, und?«

»War er weg?«

»Ach so! – Natürlich war er weg! Wie fortge-
weht. In der gleichen Sekunde. In nichts aufge-
löst. Ich guckte sogar unter die Bank. Aber dort
war er auch nicht. Mir wurde ganz übel vor lauter Schreck. Die Sache mit den Wünschen schien
zu stimmen! Und der erste Wunsch hatte sich
bereits erfüllt! Du meine Güte! Und wenn er sich
erfüllt hatte, dann war der gute, liebe, brave
Großpapa, wer er nun auch sein mochte, nicht
nur weg, nicht nur von meiner Bank verschwunden, nein, dann war er beim Teufel! Dann war
er in der Hölle. ›Sei nicht albern‹, sagte ich zu
mir selber. ›Die Hölle gibt es ja gar nicht, und den
Teufel auch nicht.‹ Aber die drei Wünsche, gab's
denn die? Und trotzdem war der alte Mann,
kaum hatte ich's gewünscht, verschwunden …
Mir wurde heiß und kalt. Mir schlotterten die
Knie. Was sollte ich machen? Der alte Mann musste wieder her, ob's nun eine Hölle gab oder nicht.
Das war ich ihm schuldig. Ich musste meinen
zweiten Wunsch dransetzen, den zweiten von
dreien, o ich Ochse! Oder sollte ich ihn lassen,

wo er war? Mit seinen hübschen, roten Apfelbäckchen? ›Bratapfelbäckchen‹, dachte ich schau-
dernd. Mir blieb keine Wahl. Ich schloss die Augen und flüsterte ängstlich: ›Ich wünsche mir,
dass der alte Mann wieder neben mir sitzt!‹ Wissen Sie, ich habe mir jahrelang, bis in den Traum
hinein, die bittersten Vorwürfe gemacht, dass
ich den zweiten Wunsch auf diese Weise ver-
schleudert habe, doch ich sah damals keinen Aus-
weg. Es gab ja auch keinen …«

»Und?«

»Was, und?«

»War er wieder da?«

»Ach so! – Natürlich war er wieder da! In der näm-
lichen Sekunde. Er saß wieder neben mir, als
wäre er nie fortgewünscht gewesen. Das heißt,
man sah's ihm schon an, dass er … dass er irgendwo gewesen war, wo es verteufelt, ich meine,
wo es sehr heiß sein musste. O ja. Die buschigen,
weißen Augenbrauen waren ein bisschen ver-
brannt. Und der schöne Vollbart hatte auch etwas gelitten. Besonders an den Rändern. Außerdem roch's wie nach versengter Gans. Er blickte
mich vorwurfsvoll an. Dann zog er ein Bartbürst-

chen aus der Brusttasche, putzte sich Bart und Brauen und sagte gekränkt: ›Hören Sie, junger Mann, fein war das nicht von Ihnen!‹ Ich stotterte eine Entschuldigung. Wie leid es mir täte. Ich hätte doch nicht an die drei Wünsche geglaubt. Und außerdem hätte ich immerhin versucht, den Schaden wieder gutzumachen. ›Das ist richtig‹, meinte er. ›Es wurde aber auch die höchste Zeit.‹ Dann lächelte er. Er lächelte so freundlich, dass mir fast die Tränen kamen. ›Nun haben Sie nur noch einen Wunsch frei‹, sagte er. ›Den dritten. Mit ihm gehen Sie hoffentlich ein bisschen vorsichtiger um. Versprechen Sie mir das?‹ Ich nickte und schluckte. ›Ja‹, antwortete ich dann, ›aber nur, wenn Sie mich wieder duzen.‹ Da musste er lachen. ›Gut, mein Junge‹, sagte er und gab mir die Hand. ›Leb wohl. Sei nicht allzu unglücklich. Und gib auf deinen letzten Wunsch acht.‹ ›Ich verspreche es Ihnen‹, erwiderte ich feierlich. Doch er war schon weg. Wie fortgeblasen.«

»Und?«

»Was, und?«

»Seitdem sind Sie glücklich?«

»Ach so. – Glücklich?«

Mein Nachbar stand auf, nahm Hut und Mantel vom Garderobenhaken, sah mich mit seinen blitzblanken Augen an und sagte: »Den letzten Wunsch hab ich vierzig Jahre lang nicht angerührt. Manchmal war ich nahe daran. Aber nein. Wünsche sind nur gut, solange man sie noch vor sich hat. Leben Sie wohl.«

Ich sah vom Fenster aus, wie er über die Straße ging. Die Schneeflocken umtanzten ihn. Und er hatte ganz vergessen, mir zu sagen, ob wenigstens er glücklich sei. Oder hatte er mir absichtlich nicht geantwortet? Das ist natürlich auch möglich.

»In dieser Welt gibt es nur zwei Tragödien. Die eine ist, nicht zu bekommen, was man möchte, und die andere ist, es zu bekommen. Die letztere ist weit schlimmer.«

Oscar Wilde

WARNUNG VOR DEN WÜNSCHEN

RAINER MARIA RILKE
Du meine heilige Einsamkeit

Du meine heilige Einsamkeit,
du bist so reich und rein und weit
wie ein erwachender Garten.
Meine heilige Einsamkeit du –
halte die goldenen Türen zu,
vor denen die Wünsche warten.

THOMAS BERNHARD
Warnung

Ein Kaufmann aus Koblenz hatte sich im vergangenen Jahr seinen Lebenswunsch erfüllt, die Pyramiden von Gizeh zu besuchen, und hatte, nachdem er die Pyramiden besucht gehabt hatte, diesen Besuch als die größte Enttäuschung seines Lebens bezeichnen müssen, was ich verstehe, denn ich selbst war im vergangenen Jahr in Ägypten und vor allem von den Pyramiden enttäuscht gewesen. Während ich selbst jedoch meine Enttäuschung sehr rasch überwunden hatte, rächte der Koblenzer Kaufmann seine Enttäuschung dadurch, dass er monatelang seitenlange Inserate in allen wichtigen Zeitungen Deutschlands, der Schweiz und Österreichs veröffentlichte, in welchen er alle zukünftigen Besucher Ägyptens vor den Pyramiden, vor allem aber vor der berühmten Cheopspyramide, die ihn mehr noch als die andern zutiefst enttäuscht hatte, warnte. Der Koblenzer Kaufmann hat mit diesen von ihm selbst so genannten Antiägypten-

und Antipyramidenplakaten in der kürzesten Zeit sein Vermögen aufgebraucht und sich ins totale Unglück gestürzt. Seine Inserate hatten auf die Ägyptenreisenden naturgemäß nicht den von ihm erhofften Einfluss gehabt, im Gegenteil vergrößerte sich die Zahl derer, die heuer Ägypten besuchten, gegenüber jenen des Vorjahres um das Doppelte.

WOLFDIETRICH SCHNURRE
Beste Geschichte meines Lebens

Beste Geschichte meines Lebens. Anderthalb
Maschinenseiten vielleicht. Autor vergessen. In
der Zeitung gelesen. Zwei Schwerkranke im sel-
ben Zimmer. Einer an der Türe liegend, einer am
Fenster. Nur der am Fenster kann hinaussehen.
Der andere hatte keinen größeren Wunsch, als
das Fensterbett zu erhalten. Der am Fenster lei-
dct darunter. Um den anderen zu entschädigen,
erzählt er ihm täglich stundenlang, was draußen
zu sehen ist, was draußen passiert. Eines Nachts
bekommt er einen Erstickungsanfall. Der an der
Tür könnte die Schwester rufen. Unterlässt es:
denkt an das Bett. Am Morgen ist der andre tot;
erstickt. Sein Fensterbett wird geräumt; der bisher an der Tür lag, erhält es. Sein Wunsch ist in
Erfüllung gegangen. Gierig, erwartungsvoll wendet er das Gesicht zum Fenster. Nichts; nur eine
Mauer.

ERNST BLOCH
Fall ins Jetzt

Ich kenne eine kleine, fast niedere, ostjüdische
Geschichte, an der freilich der Schluss merkwürdig enttäuscht. Ihr Ende soll offenbar ein Witz
sein, ein recht verlegener und matter, unlustiger,
jedoch eben einer, der nur die Grube zuschaufeln
soll, in die man gefallen ist. Die Grube ist unser
Jetzt, in dem alle sind und von dem *nicht* weger-
zählt wird, wie sonst meistens; die kleine Falltür
ist also herzusetzen.
Man hatte gelernt und sich gestritten, war darüber müde geworden. Da unterhielten sich die Juden im Bethaus der kleinen Stadt, was man sich
wünschte, wenn ein Engel käme. Der Rabbi sagte,
er wäre schon froh, wenn er seinen Husten los wäre. Und ich wünschte mir, sagte ein Zweiter, ich
hätte meine Töchter verheiratet. Und ich wollte,
rief ein Dritter, ich hätte überhaupt keine Töchter, sondern einen Sohn, der mein Geschäft übernimmt. Zuletzt wandte sich der Rabbi an einen
Bettler, der gestern Abend zugelaufen war und nun

zerlumpt und kümmerlich auf der hinteren Bank saß. »Was möchtest du dir denn wünschen, Lieber? Gott sei es geklagt, du siehst nicht aus, wie wenn du ohne Wunsch sein könntest.« – »Ich wollte«, sagte der Bettler, »ich wäre ein großer König und hätte ein großes Land. In jeder Stadt hätte ich einen Palast, und in der allerschönsten meine Residenz, aus Onyx, Sandel und Marmor. Da säße ich auf dem Thron, wäre gefürchtet von meinen Feinden, geliebt von meinem Volk, wie der König Salomo. Aber im Krieg habe ich nicht Salomos Glück; der Feind bricht ein, meine Heere werden geschlagen und alle Städte und Wälder gehen in Brand auf. Der Feind steht schon vor meiner Residenz, ich höre das Getümmel auf den Straßen und sitze im Thronsaal ganz allein, mit Krone, Szepter, Purpur und Hermelin, verlassen von allen meinen Würdenträgern, und höre, wie das Volk nach meinem Blut schreit. Da ziehe ich mich aus bis aufs Hemd und werfe alle Pracht von mir, springe durchs Fenster hinab in den Hof. Komme hindurch durch die Stadt, das Getümmel, das freie Feld und laufe, laufe durch mein verbranntes Land, um mein Leben. Zehn Tage lang bis zur Grenze, wo mich niemand mehr kennt, und komme hinüber, zu andern Menschen, die nichts von mir wissen, nichts von mir wollen, bin gerettet und *seit gestern Abend sitze ich hier.*« – Lange Pause und ein Chok dazu, der Bettler war aufgesprungen, der Rabbi sah ihn an. »Ich muss schon sagen«, sprach der Rabbi langsam, »ich muss schon sagen, du bist ein merkwürdiger Mensch. Wozu wünschst du dir denn alles, wenn du alles wieder verlierst. Was hättest du dann von deinem Reichtum und deiner Herrlichkeit?« – »Rabbi«, sprach der Bettler und setzte sich wieder, »ich hätte schon etwas, ein Hemd.« – Nun lachten die Juden und schüttelten die Köpfe und schenkten dem König das Hemd, mit einem Witz war der Chok zugedeckt. Dieses merkwürdige Jetzt als Ende oder Ende des Jetzt in dem Wort: Seit gestern Abend sitze ich hier, dieser Durchbruch des Hierseins mitten aus dem Traum heraus. Sprachlich vermittelt durch den vertrackten Übergang, den der erzählende Bettler aus der Wunschform, mit der er beginnt, über das historische plötzlich zum wirklichen Präsens nimmt. Den Hörer überläuft es etwas, wenn er landet, wo er ist; kein Sohn übernimmt dies Geschäft.

FRANZ KAFKA
Wunsch, Indianer zu werden

Wenn man doch ein Indianer wäre, gleich bereit, und auf dem rennenden Pferde, schief in der Luft, immer wieder kurz erzitterte über dem zitternden Boden, bis man die Sporen ließ, denn es gab keine Sporen, bis man die Zügel wegwarf, denn es gab keine Zügel, und kaum das Land vor sich als glatt gemähte Heide sah, schon ohne Pferdehals und Pferdekopf.

MASCHA KALÉKO
Frommer Wunsch

Noch ein Mal mit Augen des Kindes
Zu schauen die Welt, wie zuvor!
Noch ein Mal dem Rauschen des Windes
Zu lauschen mit kindlichem Ohr …
Wie einstmals die knospenden Linden,
Den singenden Duft von Jasmin
Mit staunendem Herzen empfinden,
Mit allem was blühet zu blühn!

Nicht wissend von gestern und morgen
Verankert im seligen Nun –
Im Kreise der Engel geborgen
Im Reiche der Unschuld zu ruhn …
Zu atmen voll Glück und Vertrauen
So nahe dem finsteren Tor –
Noch ein Mal, ein Mal zu schauen
Das Wunder der Welt wie zuvor!

Eva, die sieben Jahre lang sein Leben begleitete, war mit Th.W. Adorno darin im Einverständnis, dass sie beide, auch gestützt durch Hinweise im Werk von Marcel Proust, es grundsätzlich ablehnten, die Kinderzeit, die sie in sich trugen, je zu verlassen. Sie mochten sich äußerlich wie Erwachsene aufführen, ganze Wochen lang, ein ganzes Arbeitsleben lang, kaum kamen sie zusammen, vereinigten sie sich als Kinder. Wir haben es nicht nötig, sagten sie, unserem Glück abzuschwören.

In dieser Woche waren sie in Lyon verabredet. Der Gelehrte sollte dort einen Vortrag in französischer Sprache mit dem Thema »Die Entfremdung als Lehrmeister« halten. Im Hotel aber harrte er vergebens auf die Ankunft der Geliebten. Sie hatte in Frankfurt das Flugzeug verpasst, lange gebraucht, um zu einem Telefon zu gelangen, und dann Zeit verbraucht, die Nummer des Hotels in Lyon zu ermitteln, die sie verkramt hatte. Jetzt gab sie die Nachricht von dem Fiasko durch.

Stunde für Stunde wartete der sechsjährige Junge in dem berühmten Mann auf »das Kind«. Er war gewöhnt an positive Überraschungen: Erfüllung eines Wunsches, schon ehe dieser zutage trat. Davon war im regnerischen Lyon nichts zu haben. Man kann vor allem Wünsche nicht wechseln wie ein Hemd. Er hatte keinen anderen Wunsch zur Hand als den, dass sie endlich zur Tür des Hotels hereinträte. Mehrmals ging er aus seinem Zimmer im zweiten Stock nach unten vor die Tür. Als die Zeit dafür gekommen war, hielt er mürrisch seine Rede. Der Abend war vorüber. In der Nacht landeten keine Maschinen aus Frankfurt in Lyon.

Spätvormittags kam sie dann zerzaust vom Flughafen angefahren. Da ging es schon um die Vorbereitungen für die Rückreise. Er hatte viel Zeit gehabt, sein mitgeführtes Schreibheft mit Notizen zu füllen. Das wenigstens war von Nutzen (wenn auch nicht glücklich machend). Nichts hatte ihn von der Arbeit abgelenkt. Wieso spricht man eigentlich in Bezug auf das Schreiben von einer Arbeit?, fragte er sich. Es ist eine Sucht und ein Trost. Warten dagegen auf jemanden, der nicht kommt und dessen Kommen einer innig begehrt, kann als Arbeit gelten.

Im unbequemen Hotelbett herzten sie einander für eine kurze Weile. Dann fuhren sie mit dem Zug nach Hause zurück. Die Piloten streikten. Das hätte noch gefehlt, dass »das Kind« überhaupt nicht eingetroffen wäre. Vor den Fenstern des Speisewagens fette Wiesen. Hier wollte keiner von beiden aussteigen. In der Ferne sahen sie Bergkuppen, von denen sie annahmen, dass sie in einem der vergangenen Kriege eine Rolle gespielt hätten. Adorno war es gelungen, die schuldbewusste Verpatzerin des hoffnungsreichen Ausflugs aufzuheitern. Wenigstens dieser Erfolg.

ROBERT GERNHARDT
Elch, Bär, Biber, Kröte

Das Paar stand an dem kleinen Waldsee, an welchem es schon so oft gestanden hatte, und blickte, wie so oft schon, auf das gegenüberliegende Ufer. Beide hatten gerade gebadet, nun ließen sie sich von der Sonne trocknen. Das gegenüberliegende Ufer befand sich im Schatten, nur in den Kronen größerer Bäume fing sich gleißend das Licht der hoch stehenden Sonne. Stunde des Pan, kein Geräusch außer dem Geraschel der Eidechsen im trockenen Gras, keine Bewegung außer dem unsteten Flug der Libellen über dem blendenden Wasser. Kein Anlass, irgendetwas zu sagen, was nicht hundertmal gesagt worden war. Dass es doch an ein Wunder grenze, dass sie die Einzigen an diesem schönen See seien, mitten im Sommer und mitten in Italien, sagte sie. Dass heute besonders viele besonders schöne Libellen unterwegs seien, sagte er. Dass sich der gegenüberliegende Wald ganz außerordentlich schön spiegle, versicherten sie einander. Dass es überhaupt nicht schöner sein könnte, bemerkte sie derart gedankenverloren und abschließend, dass er sich unvermutet genötigt sah, alle noch verfügbaren Geister des Widerspruchs zu mobilisieren.

Oh, er könne sich alles noch viel schöner vorstellen.

Wie?

Dort – er zeigte auf eine Lichtung des gegenüberliegenden Ufers – könnte ein Elch aus dem Wald treten, um ein Bad im See zu nehmen. Und da – er deutete auf eine kleinere Bucht – könnte ein Braunbär nach Fischen Ausschau halten. Und hier schließlich – er wies auf einen kleinen Pfad, der zum See führte – könnte ein Biber seinen Geschäften nachgehen.

»Ein Biber?«

Oder mehrere Biber. Wobei er nicht auf mehrere Biber fixiert sei. Auf *einem* Biber freilich müsse er bestehen. Und auf einem Braunbären. Und auf dem Elch sowieso.

Ein Leuchten teilte die Wasseroberfläche. Für einen Augenblick stand ein glänzender Fisch senkrecht vor dem Dunkel der sich spiegelnden Bäume. Gleich darauf fiel er hörbar zurück, dann waren da nur noch Wellenkreise, die sich stetig ausdehnten.

»Was du dir da gewünscht hast, den Elch, den Bär und den Biber, das soll in Erfüllung gehen«, sagte sie leichthin.

»Und zwar zu deinem nächsten Geburtstag.«

Er hörte ihr zu, ohne den Blick vom Wasser zu wenden. Immer noch waren da Wellenkreise zu sehen, doch nun verloren sie sich unmerklich.

»Und was wünsche ich mir?«

Er riss den Kopf herum und starrte sie entgeistert an. »Was heißt das: Und was wünsche ich mir?«

Träge wandte sie sich ihm zu.

»Du hast dir was gewünscht – jetzt kann ich mir auch etwas wünschen.«

»Du? Wieso denn?«

»Wieso denn nicht? Oder glaubst du, nur du könnest dir hier was wünschen?«

»Könnest?«, fragte er mit schlecht verhohlener Ironie.

»Könnest?«

»Dann eben: kannst.«

»Könntest immer noch, könntest.«

»Na gut. Könntest du eben nämlich nicht.«

»Kannst. Das heißt: Ich könnte es schon, doch du kannst dich leider nicht jenseits jeglicher Grammatik verständigen. Nach der aber lautet deine Frage plus Aussagesatz – abgesehen davon, ob das alles inhaltlich zutrifft –: Oder glaubst du, nur du *könntest* dir hier was wünschen? Nein, das *kannst* du nicht.«

»Kannst du auch nicht.«

Erregt setzte er sich auf. Ob sie denn wisse, was sie da rede?

»Aber klar weiß ich das. Jetzt bin ich nämlich mit Wünschen dran.

Und deshalb wünsche ich mir, dass dort –«

Aber er habe sich doch überhaupt nichts gewünscht, fiel er ihr schneidend ins Wort.

»Nein?«

Nein! Er habe den See lediglich mit sehr persönlichen Bildern seiner Einbildungskraft besetzt, mit Wunschvorstellungen –

»Also doch mit Wünschen«, sagte sie heiter.

Eben nicht! Sie erst habe aus den Wunschbildern schlichte Wünsche gemacht. Schlimmer noch: sie habe sich seiner Phantasien bemächtigt, und das gleich in dreifacher Weise. Zuerst habe sie seine urpersönlichsten Bilder zu Wünschen degradiert, sodann habe sie sich die Fähigkeit angedichtet, diese selbstgeschaffenen Wünsche zu erfüllen, und schließlich habe sie sich auch noch das Recht angemaßt, sich ihrerseits etwas zu wünschen.

»Das mache ich jetzt auch«, erklärte sie mit strahlender Bestimmtheit. »Dort« – sie zeigte auf eine kleine Holzbrücke, die über den auszementierten Abfluss des Stausees führte – »dort sollen zwanzig Erdmännchen sitzen. Und zwar alle auf den Hinterpfoten und alle die Köpfe der Sonne entgegengereckt.«

»Da werden keine Erdmännchen sitzen!« Er war aufgesprungen und hatte damit begonnen, stampfend auf und ab zu gehen. Erdmännchen kämen überhaupt nicht in Frage, wiederholte er, die Fäuste ballend, von wegen Erdmännchen!

»Wieso denn nicht?«

Ja, ob sie denn gar nicht begriffen habe, was all seine Tiere miteinander verbinde? Ob ihr das seiner Vision zugrundeliegende Muster denn so gänzlich verborgen geblieben sei?

»Vision?«

»Dann eben nicht Vision. Auf jeden Fall waren meine Tiere alles nordische Tiere. Ausdruck meiner Nordsehnsucht, wenn du so willst. Und ich kann es ganz einfach nicht dulden, dass du dich da mirnichtsdirnichts mit südafrikanischen Wühlmäusen einklinkst.«

»Erdmännchen immer noch.«

»Dann eben Erdmännchen.«

Sie zupfte das Handtuch zurecht, legte sich auf den Bauch und bettete den Kopf in die verschränkten Arme. Ein Auge auf den immer noch Stehenden gerichtet, sagte sie versöhnlich: »Aber wenn es unbedingt nordische Tiere sein müssen, dann wünsche ich mir eben zwanzig Lemminge.«

Er wandte sich jäh ab. Als ob er den See zum Zeugen anriefe, breitete er die Arme aus. Die gespreizten Hände schüttelnd, setzte er zu einem leidenschaftlichen Plädoyer an. Dass ihm hier Unrecht angetan werde, rief er in die Stille. Dass es nicht um die Frage ›Erdmännchen oder Lemminge‹ gehe, ja dass Lemminge das Unrecht keineswegs milderten, sondern es bis zur völligen

Unerträglichkeit verstärkten, da dieses Einlenken schmerzlich die gänzliche Verständnislosigkeit der vermeintlich Einlenkenden offenbare. Dass er sich nicht wegen irgendwelcher Nager errege, sondern deshalb, weil ihm hier das Recht auf eigene Bilder, und das meine zugleich auch auf eigene Geschichte, abgesprochen werde, und das ausgerechnet von einem Menschen, dem er sich nahe geglaubt habe. Dass es offensichtlich gerade diese Nähe sei, die den nahen Menschen dazu ermutige, ja geradezu erfreche, immer näher und näher zu rücken, bis er nicht nur die leibliche Gegenwart des anderen, sondern auch noch dessen Phantasien okkupiere. Dass jener Respekt voreinander, der im sonstigen menschlichen Zusammenleben so fraglos geachtet werde, ausgerechnet dort, wo er die einzige Garantie für das gemeinsame Überleben – richtiger: das Überleben der Gemeinsamkeit – darstelle, fortwährend mit Füßen getreten werde, beim Paar nämlich. Dass kein anderer Mensch der Welt es gewagt hätte, aus der Tatsache, dass er sich was wünsche, ebenfalls Wünsche abzuleiten. Dass dieser Akt totaler Nichtachtung sonst selbstverständlicher Grenzen ausgerechnet ihr vorbehalten geblieben sei. Dass ihre, ja ihre, Erdmännchenherde mehr zertrampelt habe als nur eine flüchtige Laune seiner Einbildungskraft, dass ihm diese unerhörte Nagerinvasion einmal mehr … einmal mehr – nach Worten suchend ließ er den Blick schweifen, über den See, den Waldrand, die Holzbrücke und die Liegende, die sich bei seinen letzten Worten ein wenig aufgestützt und damit begonnen hatte, einen Turm aus kleinen Steinen zu bauen.

»Einmal mehr?«, fragte sie lächelnd.

»Na, du weißt schon.«

»Nichts weiß ich.«

»Und ob du es weißt! Wer, wenn nicht du?«

Am Abend empfing das Paar den Besuch eines befreundeten Paares. Als er damit begann, die Teller abzuräumen und in die Küche zu tragen, fing sie damit an, den Gästen die mittägliche Auseinandersetzung zu schildern; als er den Kaffee auf die Terrasse hinausbrachte, kam er gerade noch zurecht, um entscheidende Einzelheiten richtigzustellen – »Nein, ich habe mir nie einen

Elch gewünscht, sondern –« und »Nein, nein, sie wünschte sich nicht gleich Lemminge, erst hat sie –« und »Nein, nein, nein, ich habe nichts gegen Erdmännchen, nur …« –, doch während er, durch Zuspruch und Gelächter bestärkt, nach Kräften dazu beitrug, die Vorfälle des Mittags vollständig in Unernst und parodistischen Schaukampf zu überführen, wusste er doch zugleich, dass all die Worte lediglich verhindern sollten, dass das zur Sprache kam, was er bereits am See nicht hatte sagen können. Aber was war das gewesen?

Es fiel ihm wieder ein, als er im Morgengrauen auf die Terrasse trat, um – schlafen konnte er ohnehin nicht mehr – wenigstens einen Blick auf die aufgehende Sonne zu werfen. Da saß auf dem Mäuerchen, auf das er sich hatte setzen wollen, bereits eine große, fahle, braungesprenkelte Kröte, inmitten einer ausgedehnten Lache, an deren Rand etwas lag, glänzend schwarz, gut fingerdick, fast daumenlang, etwas, das sich an beiden Enden verjüngte und an einer Stelle so weit aufgeplatzt war, dass seine Beschaffenheit sichtbar wurde: eine Vielzahl winziger Kügelchen – Kerne? –, auch sie schwarz und glänzend wie Stoff, der sie zusammenhielt und umschloss.

Schon als sich der Frühaufsteher ihr vorsichtig genähert hatte, war die Kröte an den Rand des Mäuerchens gesprungen, nun, da er sich niederließ, um das seltsame Schauspiel in Augenschein zu nehmen, feuchtete sie rasch auch noch diesen Rand ein wenig ein, um sich sodann Hals über Kopf auf die Terrasse zu stürzen, die sie breitbeinig und zielstrebig überquerte, bis sie sich zwischen engstehenden Blumentöpfen verlor.

Jetzt erst konnte der, der die Kröte bei ihren Geschäften gestört hatte, sich eingehender mit den Ergebnissen dieser Geschäftigkeit befassen. Er rollte das glänzende Etwas ein wenig und roch an seinem Finger. Er mochte den Geruch nicht, der fremd und streng war. Er begriff, dass es sich um Krötenkot handelte, und weigerte sich trotzdem, dem Augenschein zu glauben. Er hatte diese Exkremente bereits in den vergangenen Tagen hin und wieder auf der Terrasse gefunden, sie jedoch stets einem weit größeren Tier zugeordnet, dem Stachelschwein, obwohl er sich der Unwahrscheinlichkeit dessen bewusst gewesen war, dass ein Stachelschwein sich so nahe an das Haus gewagt haben sollte. Noch unwahrscheinlicher allerdings schien ihm, dass die Kröte wirklich dieses mächtige Stück Dreck hervorgebracht haben konnte. Das war ja fast so groß wie sie selber! Trotzdem war kein Zweifel möglich, und mit einem Mal überkam ihn die Erkenntnis, dass er ein Eingeweihter war. Was er erlebt hatte, hatten nur die wenigsten erlebt. Was er wusste, wussten nur Auserwählte. Auf keinen Fall aber wusste sie es. Sie, deren steter Schlaf ihn die eigene Schlaflosigkeit so deutlich hatte spüren lassen, dass es ihn schließlich nicht mehr im Zimmer gehalten hatte. Sie, mit der er wiederholt an heißen Vormittagen über die Herkunft der merkwürdigen schwarzen Hinterlassenschaften gerätselt hatte, ohne doch deren wahre Herkunft erraten zu können. Nun hatte sich ihm, nur ihm, des Rätsels Lösung enthüllt, während sie, bewahrte er das Geheimnis nur fest genug in seinem Herzen, weiterhin in schwärzester Unwissenheit dahinleben musste.

Schau mal, das Stachelschwein scheint wieder da

gewesen zu sein, würde sie sagen, er aber würde ihre Worte vieldeutig belächeln können: Rede nur, rede, du redest, wie du's verstehst. So vieles hatte er geteilt, freiwillig erst, dann notgedrungen, nun endlich hatte er etwas, das er ganz und gar für sich behalten konnte. Konnte? Musste! Während sich die Sonne herrlich durch den Kamm des Gebirges fraß, wusste er, was er zu tun hatte. Alles würde gut werden. Hier und heute begann ein neues Kapitel seiner Geschichte, und sie würde niemals sagen können, sie sei dabei gewesen. Äußerlich und innerlich erwärmt, suchte er noch einmal das Bett auf.

Als er es wieder verließ, saß sie bereits am Frühstückstisch. Ob ihr denn nichts aufgefallen sei, wollte er wissen, während er wiederholt auf das Mäuerchen deutete. Ob sie denn der Meinung sei, Stachelschweine könnten so hoch springen, hakte er nach, als sie noch immer nichts begriff. Das sei nämlich so gewesen, begann er eilig, um sogleich eingehend zu beschreiben, von wo er sich genähert, wohin die Kröte sich entfernt und was es mit dem glänzenden Dreck auf sich hatte.

Kaum konnte er sich noch ein wenig an ihrem Erstaunen weiden, da trat auch schon das befreundete Paar blinzelnd und grüßend auf die Terrasse.

Als er, um ihnen zuvorzukommen, rasch ins Bad ging, hörte er gerade noch, wie sie den erstaunten Freunden fast triumphierend die Lösung des schwarzen Rätsels mitteilte.

»Es gibt kein richtiges Leben im falschen«, tröstete er sich, während er die Dusche aufdrehte.

»Was nicht ist, kann ja noch werden«, dachte er, als er erfrischt am Frühstückstisch Platz nahm und nach dem Joghurt griff.

So lebten sie weiter.

RAINER MALKOWSKI
Möglichkeit, zu laut erwogen

Heute Abend Feuerwerk – mündlich.
Ein lange verschwiegener Wunsch
steigt farbig in die Luft.
Du glaubst, das sei nur ein Spiel.
Aber nun können wir nicht mehr
hinter unsere Worte zurück.
Eins bleibt auf der Strecke:
unser Sprechen
oder unser leicht
gehaltenes Leben.

HERMANN HESSE
Rotes Haus

Rotes Haus, aus deinem kleinen Garten und
Weinberg duftet mir der ganze Alpensüden!
Mehrmals bin ich an dir vorbeigegangen, und
schon beim ersten Male hat meine Wanderlust
sich zuckend ihres Gegenpols erinnert, und wieder einmal spiele ich mit den alten, oft gespiel-
ten Melodien: Heimathaben, ein kleines Haus
im grünen Garten, Stille ringsum, weiter unten
das Dorf. Im Stübchen nach Morgen hin stünde
mein Bett, mein eigenes Bett, im Stübchen nach
Süden mein Tisch, und dort würde ich auch die
kleine alte Madonna aufhängen, die ich einmal,
in früheren Reisezeiten, in Brescia gekauft habe.

Wie der Tag zwischen Morgen und Abend, so
vergeht zwischen Reisetrieb und Heimatwunsch
mein Leben. Vielleicht werde ich einmal so weit
sein, dass Reise und Ferne mir in der Seele gehören, dass ich ihre Bilder in mir habe, ohne sie
mehr verwirklichen zu müssen. Vielleicht auch

komme ich noch einmal dahin, dass ich Heimat in mir habe, und dann gibt es kein Liebäugeln mit Gärten und roten Häuschen mehr. – Heimat in sich haben!

Wie wäre da das Leben anders! Es hätte eine Mitte, und von der Mitte aus schwängen alle Kräfte.

So aber hat mein Leben keine Mitte, sondern schwebt zuckend zwischen vielen Reihen von Polen und Gegenpolen. Sehnsucht nach Daheimsein hier, Sehnsucht nach Unterwegssein dort. Verlangen nach Einsamkeit und Kloster hier, und Drang nach Liebe und Gemeinschaft dort! Ich habe Bücher und Bilder gesammelt, und habe sie wieder weggegeben. Ich habe Üppigkeit und Laster gepflegt, und bin davon weg zu Askese und Kasteiung gegangen. Ich habe das Leben gläubig als Substanz verehrt, und kam dazu, es nur noch als Funktion erkennen und lieben zu können.

Aber es ist nicht meine Sache, mich anders zu machen. Das ist Sache des Wunders. Wer das Wunder sucht, wer es herbeiziehen, wer ihm helfen will, den flieht es nur. Meine Sache ist, zwischen vielen gespannten Gegensätzen zu schweben und bereit zu sein, wenn das Wunder mich ereilt. Meine Sache ist, unzufrieden zu sein und Unrast zu leiden.

Rotes Haus im Grünen! Ich habe dich schon erlebt, ich darf dich nicht nochmals erleben wollen. Ich habe schon einmal Heimat gehabt, habe ein Haus gebaut, habe Wand und Dach gemessen, Wege im Garten gezogen und eigene Wände mit eigenen Bildern behängt. Jeder Mensch hat dazu einen Trieb – wohl mir, dass ich ihm einmal nachleben konnte! Viele meiner Wünsche haben sich im Leben erfüllt. Ich wollte ein Dichter sein, und wurde ein Dichter. Ich wollte ein Haus bauen, und baute mir eins. Ich wollte Frau und Kinder haben, und hatte sie. Ich wollte zu Menschen sprechen und auf sie wirken, und ich tat es. Und jede Erfüllung wurde schnell zur Sättigung. Sattsein aber war das, was ich nicht ertragen konnte. Verdächtig wurde mir das Dichten. Eng wurde mir das Haus. Kein erreichtes Ziel war ein Ziel, jeder Weg war ein Umweg, jede Rast gebar neue Sehnsucht.

Viele Umwege werde ich noch gehen, viele Erfüllungen noch werden mich enttäuschen. Alles wird seinen Sinn einst zeigen.

Dort, wo die Gegensätze erlöschen, ist Nirwana. Mir brennen sie noch hell, geliebte Sterne der Sehnsucht.

ERICH KÄSTNER
Der August

Nun hebt das Jahr die Sense hoch
und mäht die Sommertage wie ein Bauer.
Wer sät, muss mähen.
Und wer mäht, muss säen.
Nichts bleibt, mein Herz. Und alles ist von
    Dauer.

Stockrosen stehen hinterm Zaun
in ihren alten, brüchigseidnen Trachten.
Die Sonnenblumen, üppig, blond und braun,
mit Schleiern vorm Gesicht, schaun aus wie
    Frau'n,
die eine Reise in die Hauptstadt machten.

Wann reisten sie? Bei Tage kaum.
Stets leuchteten sie golden am Stakete.
Wann reisten sie? Vielleicht im Traum?
Nachts, als der Duft vom Lindenbaum
an ihnen abschiedssüß vorüberwehte?

In Büchern liest man groß und breit,
selbst das Unendliche sei nicht unendlich.
Man dreht und wendet Raum und Zeit.
Man ist gescheiter als gescheit –
das Unverständliche bleibt unverständlich.

Ein Erntewagen schwankt durchs Feld.
Im Garten riecht's nach Minze und Kamille.
Man sieht die Hitze. Und man hört die Stille.
Wie klein ist heut die ganze Welt!
Wie groß und grenzenlos ist die Idylle …

Nichts bleibt, mein Herz. Bald sagt der Tag
    Gutnacht.
Sternschnuppen fallen dann, silbern und sacht,
ins Irgendwo, wie Tränen ohne Trauer.
Dann wünsche Deinen Wunsch, doch gib gut
    acht!
Nichts bleibt, mein Herz. Und alles ist von
    Dauer.

JOACHIM RINGELNATZ
Wünsche

Was wir in kläglicher Naivität
Uns wünschen, das greift unverschämt zurück
Und kommt zu spät.

Wer erntet jemals wohl ein Glück,
Das er nur fett gedüngt, doch nie gesät.

Es treiben hohle Wünsche leeres Spiel.
Es finden dumme Wünsche dummes Ziel.
Es wünscht sich Müdigkeit ins Ungefähre:
»Ach wenn es doch nun bald zu Ende wäre.«
Und Rührendes, was niemals ausgesprochen,
Vermodert unerkannt in Fleisch und Knochen.

Jetzt – (da ein Abendessen sich vollzieht) –
Wünsch ich den andern »guten Appetit«!

ROBERT GERNHARDT

Vergebliches Wünschen

O wenn ich jubeln könnte wie ein Adler!
Jedoch – er jubelt nicht,
kann ja nur krächzen,
kann pfeifen, schreien, höchstens ächzen,
so, wie am steilen Berge ächzt der Radler –
o wenn ich jubeln könnte wie ein Adler.

O wenn ich jauchzen könnte wie ein Biber!
Jedoch – wann jauchzt der schon?
Kennt ja nur Nagen
und Stämmefäll'n und Stämme flusswärts tragen
zu Wassern trüb und immer trüber –
o wenn ich jauchzen könnte wie ein Biber.

O wenn ich singen könnte wie ein Zobel!
Jedoch – was soll der Wunsch?
Wer darf sich ihm vergleichen?
Wer könnte jemals seiner Stimme Glanz erreichen?
Wer singt wie er? So kühn und doch so nobel?
O wenn ich singen könnte wie ein Zobel!

ERLING KAGGE
Dopamin Loop

Stille ist nicht in erster Linie wichtig, weil sie besser ist als Lärm, obwohl Lärm oft mit negativen Dingen wie Unruhe, Aggression, Streit und Gewalt verbunden ist. Lärm tritt uns in Form von verwirrenden Geräuschen und Bildern entgegen und schlägt die eigenen Gedanken in die Flucht. Ganz nebenbei verlieren wir etwas von uns selbst. Ich denke dabei nicht nur an die Anstrengung, die es uns kostet, wenn wir uns zu vielen Eindrücken stellen müssen. Das ist ganz sicher so, aber es geht um mehr. Der Lärm, der von Bildschirm und einer Tastatur ausgeht, ist suchterzeugend, und daher brauchen wir die Stille.

Je mehr wir gestört werden, desto mehr wünschen wir uns, abgelenkt zu werden. Es müsste umgekehrt sein, aber oft genug ist es nicht so. Man kommt in einen *Dopamin Loop*. Dopamin ist ein chemischer Stoff, der Signale von einer Gehirnzelle zu einer anderen überträgt. Kurz gesagt, bewirkt Dopamin, dass man will, sucht und begehrt. Wir wissen nicht, wann eine Mail, eine Nachricht oder irgendetwas anderes kommt, also schauen wir wieder und wieder aufs Smartphone – wie auf den Einarmigen Banditen; es ist ein Versuch, befriedigt zu werden. Aber Dopamin ist nicht programmiert, um ein Gefühl der Zufriedenheit zu erzeugen. Obwohl man erreicht hat, was man suchte und wollte, ist man nicht zufrieden. Ich googele weiter, auch noch zwanzig Minuten später, wenn ich längst gefunden habe, wonach ich suchte.

Ja, ich weiß, dass ich mich in eine banale Situation gebracht habe, aber oft denke ich, es ist leichter fortzufahren, als aufzuhören. Ich checke Websites, obwohl ich sie gerade besucht habe und weiß, was da steht. Und verliere gleichzeitig ein bisschen die Kontrolle über mein Leben. Es ist absolut sinnlos.

Die Biologie hat eine natürliche Erklärung für meine mangelnde Vernunft: Wir sind nicht geboren, um zufrieden zu sein. Eine andere Substanz in unserem Hirn, die Opioide, sollten ein Gefühl der Freude erzeugen, wenn man erreicht hat, was man sich wünscht. Leider ist das Dopamin stärker als die Opioide, so dass man dasselbe immer noch einmal tut, obwohl man erreicht hat, was man sich erträumte. Daher der Ausdruck *Dopamin Loop*. Es ist zufriedenstellender, etwas zu erwarten und zu suchen, im Kreis zu gehen, als einfach damit zufrieden zu sein, dass man erreicht hat, was man wollte.

PETER BICHSEL

Sich etwas Unmögliches wünschen

Der amerikanische Schriftsteller Ernest Hemingway wurde einmal gefragt, was er sich wünschen würde, wenn er sich etwas Unmögliches wünschen könnte, zum Beispiel etwas, das gegen die Naturgesetze verstößt. Er sagte: »Noch einmal zum ersten Mal *Krieg und Frieden* von Tolstoi lesen können.«

ERFÜLLTE WÜNSCHE

ELKE HEIDENREICH
Wunschkind

Nina wünschte sich nichts mehr als ein Kind, und mit über vierzig hatte sie die Hoffnung schon fast aufgegeben. Die Freundin tröstete: Was kann einem in dieser Welt alles mit Kindern passieren! Da saufen sie sich ins Koma, fahren das Auto kaputt, nehmen Drogen, werden mit vierzehn schwanger …

»Das will ich alles erleben, alles«, sagte Nina, »ich würde mich nie beklagen, ich will das alles mitmachen.«

Dann plötzlich und unerwartet wurde sie doch noch schwanger. Sie war überglücklich und euphorisch: »Soll sie frech sein, soll sie mit vierzehn rauchen, soll sie mein Auto mit sechzehn zu Schrott fahren und mit siebzehn ein uneheliches Kind kriegen, soll sie die Schule schmeißen und mir Geld klauen, mir ist alles egal, ich werde alles verzeihen, ich freu mich so.«

Emma ist ein liebes Mädchen und jetzt sechs Jahre alt. Neulich hatte Nina Geburtstag, und Emma hatte das vergessen und ihr nicht gratuliert. Nina war total wütend. Wir versuchten sie zu trösten: »Du wolltest doch alles mit ihr erleben«, sagten wir.

»Ja, aber doch nicht sowas!«, schrie Nina.

HANS MAGNUS ENZENSBERGER
Nassenbeuren (und anderswo)

Wer in Freiburg im Breisgau das Augustiner-
Museum besucht, wird sich über eine schmale
Tafel des Malers Matthias Grünewald wundern.
Auf dem Bild aus den Jahren 1517-1519 scheint ein
Papst Schnee zu schippen, und zwar tut er es
im Hochsommer, genauer gesagt, im August des
Jahres 358.
Die Legende besagt, dass die Madonna damals
im Traum einem kinderlosen Patrizierpaar erschienen ist. Sie versprach, ihren Kinderwunsch
zu erfüllen; doch sollte ihr zu Ehren eine Kirche
errichtet werden, und zwar an der Stelle, wo mitten in Rom am nächsten Morgen Schnee liege.
Das Paar wandte sich an den Papst Liberius. Auch
ihm war die Madonna im Traum erschienen. Am
andern Tag war der Esquilin mit Schnee bedeckt.
Heute steht an diesem Ort die Kirche Santa Maria Maggiore. Seitdem wird das Mirakel *Sancta
Maria ad Nives* am 5. August an vielen Orten ge-

feiert, auf La Palma, in Aufhausen in der Ober-
pfalz, im oberbayrischen Kirchbrunn, auf der
Secker Hochalm in der Steiermark, im Allgäu
bei Nassenbeuren, im spanischen Vitoria – und
vermutlich anderswo.

Mariä Schnee hat bisher alle Klimaschwankun-
gen überstanden.

WISŁAWA SZYMBORSKA
Das Gedächtnis hat endlich

Das Gedächtnis hat endlich das, was es suchte.
Die Mutter fand sich mir ein, der Vater ist mir
   erschienen.
Ich habe für sie den Tisch erträumt, zwei Stühle.
   Sie setzten sich hin.
Sie waren mir wieder nah und lebendig.
Mit den zwei Lampen ihres Gesichts um die
   graue Stunde
leuchteten sie wie für Rembrandt.

Jetzt erst kann ich erzählen,
in wie vielen Träumen sie sich herumtrieben, in
   wie vielen Straßenaufläufen
ich sie hervorzog unter den Rädern,
in wie vielen Agonien sie durch wie viele Hände
   mir liefen.
Abgeschnitten – wuchsen sie nach, gekrümmt.
Der Widersinn zwang sie zur Maskerade.
Was hilft's, dass sie jenseits von mir keinen
   Schmerz empfanden,

wenn sie ihn in mir empfanden.

Der geträumte Pöbel hörte, wie ich gerufen habe,
   Mutter,

zu etwas, was piepsend auf dem Zweig
   umhersprang.

Gelächter gab's auch, dass ich einen Vater mit
   Haarschleife habe.

Ich erwachte in Scham.

Na und endlich.

Eines gewöhnlichen Nachts,

von einem gemeinen Freitag auf Samstag,

kamen sie plötzlich zu mir, so wie ich sie wollte.

Sie träumten mir, aber von Träumen scheinbar
   befreit,

folgsam nur sich und niemandem sonst.

In der Tiefe des Bildes waren alle Möglichkeiten
   erloschen,

den Zufällen fehlte die nötige Form.

Nur sie haben schön, weil ähnlich gestrahlt.

Ich träumte sie lange, lange und glücklich.

Ich wurde wach. Machte die Augen auf.

Berührte die Welt wie einen geschnitzten Rahmen.

CHRISTA WOLF
Die Lust, gekannt zu sein

Unter den Linden bin ich immer gerne gegangen. Am liebsten, du weißt es, allein. Neulich, nachdem ich sie lange gemieden hatte, ist mir die Straße im Traum erschienen. Nun kann ich endlich davon berichten.

Unbeschreiblich liebe ich diese sicheren Anfänge, die nur denen gelingen, die glücklich sind. Immer wusste ich, auch mir würden sie einst wieder zur Verfügung stehen. Das sollte das Zeichen sein für Wiederaufnahme in den Bund, dessen Strenge nur noch von seiner Freizügigkeit übertroffen wird: den Bund der Glücklichen. Da ich neuerdings selbst ohne Zweifel bin, wird man mir wieder glauben. Nicht mehr bin ich an die Tatsachen gekettet. Ich kann frei die Wahrheit sagen.

Denn höher als alles schätzen wir die Lust, gekannt zu sein.

Dass die Straße berühmt ist, hat mich nie gestört, im Wachen nicht und erst recht nicht im Traum.

Ich begreife, dass sie dieses Missgeschick ihrer Lage verdankt: Ost-West-Achse. Sie und die Straße, die mir im Traum erscheint, haben nichts miteinander zu tun. Die eine wird in meiner Abwesenheit durch Zeitungsbilder und Touristenfotos missbraucht, die andere hält sich auch über lange Zeiträume unbeschädigt für mich bereit. Ich gebe zu, oberflächlich gesehen kann man die beiden miteinander verwechseln. Ich selbst verfalle in diesen Fehler: Dann überquere ich achtlos meine Straße und erkenne sie nicht. Jüngst erst mied ich sie viele Tage lang und suchte anderswo mein Glück, aber finden konnte ich es nicht.

Es wurde Sommer, da träumte ich, der Tag sei gekommen. Ich brach auf, denn nun war ich bestellt. Ich sagte es keinem und wollte es selbst kaum wahrhaben. Ich dachte (wie man im Wachen und Träumen listig etwas denken kann, um sich selbst zu täuschen), ich würde mir nun endlich die neuen Stadtviertel ansehen, von denen überall geredet und geschrieben wurde …

Ach, mein Lieber, sagte ich. Ich kann die Liebe nicht vertagen. Nicht auf ein neues Jahrhundert.

Nicht auf das nächste Jahr. Um keinen einzigen Tag.

Dies wenigstens im Traum gesagt zu haben tat mir wohl. Auf Antwort hatte ich nicht zu rechnen. Ich gab mir Weisung, gruß- und abschiedslos auf und davon zu gehen. Durch Erfahrung weiß ich: Der, den ich zu treffen wünsche, wird niemals da sitzen, wo ich hinsehe, doch noch einmal schlug eine irrsinnige Hoffnung in mir hoch. In der Tür wendete ich mich um, was aus guten Gründen von alters her verboten ist. Sein Platz war leer. Unsere Zeit war abgelaufen.

In meiner bitteren Schande trat ich auf die Straße. Ich spottete ihrer: Schnurgerade Straße, höhnte ich. Straße ans Herz der Dinge … Zufallsstraße, beschimpfte ich sie. Zeitungsstraße.

Sauber und ordentlich lag sie mir zu Füßen. Ein Stein neben dem anderen, gute Arbeit. Was hatte ich mir von ihr versprochen? Eine Ablenkung zwischen zwei Arbeiten. Ein neues Kleid. Einen nebensächlichen Dialog in einem Café. Das alles hatte sie mir korrekt gegeben.

Anders als vorher bediene ich mich jetzt der nützlichen Erfindung des Spazierengehens.

Die volle Stunde spült die Welle der Büroarbeiter aus den Verwaltungshäusern. Wohin fürchten sie nur zu spät zu kommen? Welcher Zug wird ihnen abfahren, welcher Happen für immer weggeschnappt werden? Oder haben auch sie, die ihr Leben zu Millionen unter Wert verkaufen, die geheime Sehnsucht nach dem wirklichen Fleisch bewahrt, nach dem saftigen, roten Fleisch?

Ich gehe, und mein schönes Leben rollt sich hinter mir ab wie ein helles Band. Der, den ich niemals mehr nennen werde, hat recht behalten: Alles ist schon erlebt, vielleicht sogar, vor Zeiten, von mir selbst. Was zu empfinden war, ist empfunden, was zu machen war, ist gemacht. Ich lasse mich treiben.

Da kam mir ein einzelner Mensch entgegen, eine junge Frau. Nie hat der Anblick eines fremden Menschen mir einen solchen Stich versetzt. Sie trug ein Kostüm aus dem Stoff, den ich lange schon suchte, und einen leuchtenden Pullover, dessen Farbe als Widerschein auf ihrem Gesicht lag. Sie ging schnell und locker, wie ich immer gehen wollte, und sah uns alle aufmerksam, doch vorurteilsfrei an. Ihr halblanges dunkles Haar wehte der Wind zurück, und sie lachte, wie ich von ganzem Herzen zu lachen wünschte. Sofort, als sie an mir vorbei war, verlor sie sich in der Menge.

Ehe ich sie sah, kann ich nicht gewusst haben, was Neid ist. Nie vorher hatte eine Begegnung mich so getroffen. Diese Frau würde niemals vom Glück verlassen sein. Alles, was anderen misslang, würde ihr glücken. Nie, nie konnte sie Gefahr laufen, sich zu verfehlen. Kein Zeichen an ihrer Stirn deutete auf unlösbare Verstrickungen hin. Ihr war es gegeben, unter den Verheißungen und Verlockungen des Lebens frei zu wählen, was ihr zukam.

Vor Neid und Kummer begann ich unter all den Leuten heftig zu weinen. Davon erwachte ich. Mein Gesicht war nass. Ich konnte mir nicht erklären, warum ich so heiter war. Mit wahrer Gier rief ich mir wieder und wieder jene Frau vor Augen, ihr Gesicht, ihren Gang, ihre Gestalt. Auf einmal sah ich: Das war ja ich. Ich war es gewesen, niemand anders als ich selbst, der ich begegnet war.

Nun klärte sich mit einem Schlage alles auf. Ich sollte mich wiederfinden – das war der Sinn der Bestellung. Zelle für Zelle füllte sich mein Körper mit der neuen Freude. Eine Menge von Gefangenschaften fiel für immer von mir ab. Kein Unglück hatte ein für alle Mal sein Siegel auf meine Stirn gedrückt. Wie hatte ich so verblendet sein können, mich einem falschen Spruch zu unterwerfen?

Viel später erst, heute, kam mir der Gedanke, in gewohnter Weise über mein Erlebnis Rechenschaft zu geben, denn höher als alles schätzen wir die Lust, gekannt zu sein. Ich Glückliche wusste gleich, wem ich es erzählen könnte, kam zu dir, sah, dass du hören wolltest, und begann: Unter den Linden bin ich immer gerne gegangen. Am liebsten, du weißt es, allein.

HANNS-JOSEF ORTHEIL
Eine Art schöner Traum

Es passierte von einem Tag auf den andern. Mutter wurde das enge Dorfleben leid, urplötzlich brach sie in ganz andere Welten auf. Die letzten Schuljahre wollte sie in einem Internat verbringen, das sie sich selbst (heimlich zunächst, dann mit Einwilligung ihrer Eltern) ausgesucht hatte. Es lag auf der Insel Nonnenwerth nahe Bonn, mitten im Rhein, und es wurde zum großen Teil von Franziskanerinnen geführt. Dort glaubte sie sich gut auf ein späteres Studium vorbereiten zu können. Was sie studieren wollte, wusste sie noch nicht, es würde sich, wie sie dachte, von selbst ergeben.
Eine Mädchenschule mitten auf einer Insel im Rhein war aber viel mehr als eine anspruchsvolle Ausbildungsstätte. Es war eine Art schöner Traum, mit dessen Hilfe man sich von der familiären Herkunft langsam befreite. Vom üblichen Alltag isoliert, lebten die jungen Frauen auf engem Raum zusammen, tauschten sich aus und hatten ihre kleinen Geheimnisse.

Manche standen in Kontakt mit Bonner Studenten, die sie in waghalsigen Manövern heimlich auf der Insel besuchten. Andere gründeten Zirkel, die sich mit Botanik oder Astronomie beschäftigten und von Nonnen unterrichtet wurden, die selbst noch junge Frauen waren.

Jede der Schülerinnen lebte auf der Insel Nonnenwerth in ihrer eigenen Welt, und jede erhielt genau dort die Gelegenheit, diese Welt nach ihrem Willen zu gestalten. Der Unterricht war keineswegs streng, die Lehrerinnen hatten für die speziellen Interessen ihrer Schülerinnen vielmehr großes Verständnis. Und so hatte auch meine Mutter nach etwas gesucht, dem sie ihren Fleiß, vor allem aber ihre jugendliche Leidenschaft hätte widmen können. Bei dieser Suche war sie auf zwei Personen gestoßen, denen vom ersten Moment an ihr ganzes Interesse gegolten hatte.

Diese beiden Personen waren während einer bestimmten Zeit ihres Lebens ein Liebespaar gewesen. Den männlichen Part dieses Paares spielte der Klaviervirtuose und Komponist Franz Liszt, den weiblichen die Gräfin Marie d'Agoult. Anfang der dreißiger Jahre des neunzehnten Jahrhunderts lernten sich beide in Paris kennen. Die Gräfin war damals verheiratet und hatte zwei Kinder, was sie aber nicht daran hinderte, in engen Kontakt zu Liszt zu treten und diese Beziehung von Jahr zu Jahr zu intensivieren. Schließlich reisten die beiden zusammen nach Italien und hatten sogar zwei Töchter.

Die Italien-Reisen hinterließen in Liszts kompositorischem Schaffen später deutlich erkennbare Spuren. Er befreite sich von den klassischen Klaviergattungen und begann mit Kompositionen, die man als »Erlebnismusik« bezeichnen könnte. Sie griffen Bilder und Motive der italienischen Landschaften auf und profilierten sie als eine Art Pilgerreise (»Années de pèlerinage«) zu den romantischen Städten des Südens.

In den Pausen zwischen seinen Konzertreisen durch ganz Europa (die Liszt meist allein antreten musste) suchte das Paar nach Aufenthaltsorten, wo Liszt sich erholen konnte. Eine dieser Entspannungsoasen wurde Anfang der vierziger Jahre die Insel Nonnenwerth. Dort lebte Liszt zusammen mit der Gräfin in einem abgetrennten Teil eines alten Klosters, das teilweise auch als Hotel genutzt wurde. Er spielte (zunächst nur für sich) auf dem Flügel, komponierte und bereitete seine Konzertauftritte in der näheren Umgebung vor.

Als Mutter von diesem Aufenthalt erfuhr, widmete sie sich den Details der Geschichte. Sie las die feurigen Briefe, die Liszt der Gräfin geschrieben hatte, und sie studierte seine Tagebücher, in denen er von seinem Virtuosenleben erzählte.
Die stärkste Wirkung ging aber von dem Liszt-Flügel aus, der sich noch immer auf der Insel befand. Er war nicht zugänglich und wurde von den Lehrerinnen und Nonnen des Internats wie ein sakraler Gegenstand gehütet. Niemand durfte auf ihm spielen, nur an besonderen Feiertagen wurde er Besuchern vorgestellt.
Die Liebesgeschichte des Paares, Liszts Briefe und Tagebücher sowie seine Kompositionen, die ein Maximum an Leidenschaft ausstrahlten und vorführten – all das waren für meine Mutter schon bald nicht mehr Themen bloßer Fantasien. Die

großen Gefühle, die durch sie ausgelöst wurden, trafen vielmehr auf ein konkretes Objekt, an dem sie sich festmachen konnten.

So entwickelte sie mit der Zeit einen starken, ihr nicht auszuredenden Ehrgeiz. Sie wollte ihr Klavierstudium erneut aufnehmen und dieses Studium ausschließlich auf dem Liszt-Flügel absolvieren. Mit Unterhaltung und geselligem Vergnügen sollte die angestrebte neue Ära ihres Musikenthusiasmus nicht mehr das Geringste zu tun haben, vielmehr zielte das Üben und Spielen jetzt darauf, in den romantischen Erlebniskosmos von Lieben, Reisen und Musizieren einzudringen und dort einen eigenen Platz einzunehmen.

Mutter zog zwei Lehrerinnen und die Schulleiterin ins Vertrauen und erläuterte ihnen ihr großes Projekt. Sie wollte sich neben dem üblichen Schulunterricht ganz auf das Klavierspiel konzentrieren, und sie wünschte sich dafür einen Unterricht auf der Höhe der Zeit. »Willst du etwa Pianistin werden?«, wurde sie gefragt, und sie antwortete: »Das weiß ich noch nicht. Vorerst weiß ich nur, dass ich die großen Kompositionen der romantischen Schule spielen möchte. Dann werden wir weitersehen.«

Die Stücke der »romantischen Schule« – das war in ihren Augen damals die große »Erlebnismusik« des neunzehnten Jahrhunderts, die mit den Kompositionen Robert Schumanns begonnen hatte. Von Schumann war der Stab an Chopin und von ihm wiederum an Liszt übergeben worden. Inmitten dieser Männertrias aber hatte sich eine Frau einen starken Platz erobert: Clara Schumann, die Frau Robert Schumanns, die bedeutendste und einflussreichste Pianistin des neunzehnten Jahrhunderts, in ganz Europa gefeiert und als Lehrerin von Scharen junger Schülerinnen verehrt. War Clara damals für meine Mutter ein Vorbild?

Genau weiß ich es nicht, ich weiß nur, dass von Clara Schumann später häufig die Rede war. In Mutters Internatsjahren war sie wohl noch eine Art ferne Projektion, mit keinen genaueren Ambitionen verbunden. Vorerst beschäftigte Mutter noch etwas ganz anderes: den Liszt-Flügel zu erobern, auf ihm zu üben und zu spielen – und sich damit etwas von jenen geheimnisvollen Kräften anzueignen, die ein Liebespaar vor über hundert Jahren auf der Insel Nonnenwerth bereits gespürt hatte.

Wie aber schaffte sie es, diesen Plan umzusetzen? Ihre Lehrerinnen ließen einen in Bonn recht bekannten Pianisten auf die Insel kommen, der sich ihr Spiel anhören sollte. Zwei Wochen lang bereitete sich Mutter auf ihren kleinen Auftritt vor. Anwesend waren nur wenige Zuhörerinnen, und sie entschuldigte sich zu Beginn, dass ihr Repertoire »vom Land geprägt sei« und sie in den vergangenen Jahren nie die Kompositionen der großen Meister geübt habe. Gefragt, welche sie einmal spielen wolle, antwortete sie: »Ich möchte einmal Stücke von Robert Schumann, Frédéric Chopin und Franz Liszt spielen können. Das ist mein großer und einziger Wunsch.«

Mutter war damals eine ausgesprochen schöne, aber noch sehr schüchterne Frau. Wenn ich sie auf alten Fotografien aus dieser Zeit sehe, glaube ich zu wissen, dass sie diese überlieferten Worte nicht laut ausgesprochen, sondern leise geflüstert hat. Sie wird den bekannten Pianisten aus Bonn nicht angeschaut und sich mit einer Hand (neben dem Flügel stehend) an dem Instrument festgehalten haben.

Ich kann mir weiter gut vorstellen, dass dieses Flüstern zusammen mit dem Bild, das sie abgab, nur eine sofortige Zustimmung zu ihren Plänen zuließ. Welcher noch so bekannte Pianist hätte sich diesem »großen und einzigen Wunsch« einer jungen und derart begeisterten Frau in den Weg stellen oder gar widersetzen können?

Die Antwort des Mannes aus Bonn war schlau. Er äußerte sich nicht über Mutters noch spärliche Fähigkeiten, sondern erklärte, man solle der jungen Frau ihren Wunsch erfüllen. Auf diese Weise käme auch der Liszt-Flügel zu seinem Recht, denn einen solchen Flügel lasse man nicht einfach herumstehen. Man müsse regelmäßig auf ihm spielen, was aber keine Scharen von Schülerinnen, sondern nur solche tun sollten, die über gute Vorkenntnisse des Klavierspiels verfügten. Solche Kenntnisse könne er der jungen Enthusiastin bestätigen, weshalb er dafür plädiere, mit einem regelmäßigen Unterricht auf dem Liszt-Flügel sofort zu beginnen.

Damit hatte Mutter erreicht, was sie sich erträumt hatte. Von dem Moment an empfand sie sich als späte Schülerin eines der größten Klaviervirtuosen noch kaum vergangener Zeiten. Für die nächsten Jahre auf Nonnenwerth hatte sie eine Passion gefunden, die sie von nun an nicht mehr losließ.

Wenige Monate nach der ersten Begegnung mit dem Bonner Pianisten (der inzwischen ihr Lehrer geworden war) spielte sie zum ersten Mal im Musiksaal des Internats vor den älteren Mitschülerinnen. Walzer von Frédéric Chopin standen auf dem Programm, nichts sonst, keine anderen Stücke, nur Chopin und ausschließlich Walzer. Niemand ahnte, mit wem sie so leidenschaftlich zu tanzen begonnen hatte.

Was für eine Geschichte! Immer, wenn ich sie mir vergegenwärtige, glaube ich auch die Wurzeln meiner eigenen Begeisterung für das Kla-

vierspiel deutlich zu erkennen. Mutter auf Nonnenwerth und ihre Liszt-Faszination – das ist die
Urzelle alles Späteren. Sie enthält den starken,
nicht aufzuhaltenden Virus, der sich in ihr fest-
setzte, sie stundenlang üben ließ und ihr Klavierspiel formte.

Als sie Nonnenwerth verließ, war sie drauf und
dran, den nächsten Schritt zu tun und sich ganz
dem Klavierspiel zu widmen. Vielleicht wurde in
diesen Tagen das Bild Clara Schumanns für sie
wieder lebendig. Wie auch immer – auf Nonnenwerth hatte sie nicht nur gelernt, Schumann,
Chopin und Liszt zu spielen, sondern auch, was
es bedeutete, von Liszt unterrichtet zu werden.

Einmal war ich in Wien, als Rudolf Nurejew in der Staatsoper ein Gastspiel gab. Natürlich waren auch auf dem Schwarzmarkt keine Karten mehr zu kriegen. Rudolf Nurejew!!! Aber wenn es sein muss, kann ich sehr erfinderisch und hartnäckig sein, und ich fand den Mann heraus, der in Wien die meisten Beziehungen hatte, natürlich darf ich ihn nicht verraten. Ich erzählte ihm am Telefon von meinem Wunsch: Ich wollte einmal Nurejew tanzen sehen, den schönen Mann aus Ufa, der verbotenen Stadt, den Mann, der Männer und Frauen liebte und sich drehte und sprang wie kein Zweiter und in den ich als Teenager so verliebt gewesen war! Auf meine Sehnsuchtstirade antwortete der wichtige Wiener: »Wos für a Kleidergrößen hast?« Ich war verdutzt, sagte: 38 – das waren noch schöne schlanke Zeiten, und er fragte: »Schuhgröße?« 39, die Schuhgröße bleibt einem ja treu. Er bestellte mich, am Abend des Gastspiels, für eine halbe Stunde früher in die Oper.

Ich traf ihn an mit einer Rotkreuzschwester namens Marie, in kompletter Tracht und Schnür-
schuhen, und er wies uns an, die Kleider zu tau-
schen. Auf der Damentoilette schlüpfte sie in
mein kleines Schwarzes und die Pumps, ich in
die knallhart gebügelte Schwesterntracht mit
Schürze und Häubchen. Dann zeigte mir der
Wohltäter einen Stuhl neben Reihe drei, wo bei
jeder Vorstellung eine Schwester zu sitzen hat, den
Erste-Hilfe-Koffer neben sich. Nun wurde mir
aber doch schummerig zumute: »Ich weiß doch
gar nicht, was man macht, wenn jemand um-
fällt?« Mein Wohltäter winkte gelassen ab, und
kurz ehe die Türen schlossen, rief er: »Is a Oarzt
im Saal?« In Reihe dreizehn meldete sich ein Mann,
ja, er sei Arzt – und mein Bekannter beugte sich
zu mir und flüsterte: »Den merkst dir, Schat-
zerl.« Dann ging er mit Schwester Marie in meinem Kleid an die Bar, ich sah Nurejew tanzen,
niemand fiel um, und es war ein wunderbarer
Abend.

PETER HANDKE
Wunschdenken

Was zählte also für ihn? Zum Beispiel, dass sich ihm ein Wunsch verwirklicht hatte, welcher ihm zuvor gar nicht bewusst gewesen war: der Wunsch, abseits, möglichst weitab von dem gewohnten, dem Alltags- und Tagesgeschehen dem und jenem von daher sattsam, oder ungut, oder sogar todfeindlichen Bekannten zu begegnen, rein nichts als ein Paar Augen und ein zweites Paar Augen, und so unter vier Augen zu sprechen, wie er noch nie unter vier Augen mit jemandem gesprochen haben wird; zum Beispiel auf solche Weise am eigenen Leibe zu erfahren, dass die Feindschaften und Abneigungen aus dem Tagesleben vielleicht nur böse, aber umso wirksamere Einbildungen waren, »weder gültig noch endgültig« (so sein Wortspiel).

Bloßes Wunschdenken? Ja. Aber was ist denn eigentlich einzuwenden gegen das Wunschdenken?, fragte sich der Beobachter im Stillen, während er fürs Erste dort auf dem Glasfelsen, umgeben von Gestrüpp, Geröll und Eis, im Gespräch mit der einmal angefeindeten schönen Vagabundin, oder was sie war, weiter den Feldforscher und Berichterstatter darstellte: Ist mein unbewusstes Wunschdenken nicht gerade Bewusstsein und Möglichkeit geworden, und das heißt, ich kann, ich soll, ich darf, wie das vielleicht bei keiner anderen Denkweise der Fall ist, es verwirklichen? Ich darf? Ich soll? Es steht mir frei.

HANS-ULRICH TREICHEL
Das farbige Spektrum

In Münster hatte ich als Schüler einige revolutionär bewegte studentische Freunde, sogenannte Achtundsechziger, die ich am Wochenende in ihrer Wohngemeinschaft besuchte, welche sich an einer geheimnisvollen Adresse namens – ich hoffe mich recht zu erinnern – KÜ 1 befand.

KÜ 1, das klang in meinen Ohren wie die Chiffre für eine maoistische Geheimorganisation, was aber wohl nur, Ortskenner mögen mich korrigieren, Kanalübergang Nummer eins bedeutete. Hier, in dieser Wohngemeinschaft, begegnete ich auch zum ersten Mal einem Bücherregal, das wohl selbstgezimmert war, aber in dem sich die – bis dahin – beinahe komplette *edition suhrkamp* befand. Der Bewohner des Zimmers war nicht nur ein Münsteraner Revolutionär, er musste auch eine Art Meisterdenker gewesen sein. Auch ich begann, die Bücher mit den verheißungsvollen Regenbogenfarben zu lesen. Doch die Lektüre genügte mir nicht. Irgendwann spürte ich, dass die

Bücher noch eine andere Sehnsucht und einen anderen Wunsch in mir weckten, den ich damals freilich nicht zu äußern und noch nicht einmal zu denken gewagt hätte. Der Wunsch nämlich, dabei zu sein, mich einzureihen in das farbige Spektrum. Und dies nicht als Leser, sondern als Autor.

Wünsche können in Erfüllung gehen. Eine Erfahrung, die einer eher melancholischen Weitsicht wohl nicht unbedingt entspricht. Mein Wunsch erfüllte sich 1986 mit dem Gedichtband *Liebe Not* – und zwar in Dunkelgrün. Bücher, die man schreiben möchte, darf man sich anscheinend wünschen, ohne von den Göttern bestraft zu werden. Literaturpreise dagegen, dessen bin ich mir sicher, sollte man sich auf keinen Fall wünschen. Das wäre unweise – und könnte vom Schicksalslenker missverstanden werden. Aber wenn das Glück einen dann trifft, zum Beispiel in Gestalt des Annette-von-Droste-Hülshoff-Preises, dann darf man sich nicht nur freuen. Dann darf man auch, dessen bin ich mir sicher, ganz freimütig bekennen, dass hiermit ein Wunsch, und kein geringer, in Erfüllung gegangen ist.

CHRISTIAN MORGENSTERN
Mit-Erwacht …

Dein Wunsch war immer – fliegen!
Nun naht dir die Erfüllung.

Du wirst den Raum besiegen,
nach jener Weltenthüllung,
die uns zu Freien machte
vom Schlaf der blinden Runden.

Nun hast du, Mit-Erwachte,
dein Schwingenkleid gefunden!

JOACHIM RINGELNATZ
Und auf einmal steht es neben dir

Und auf einmal merkst du äußerlich:
Wie viel Kummer zu dir kam,
Wie viel Freundschaft leise von dir wich,
Alles Lachen von dir nahm.

Fragst verwundert in die Tage,
Doch die Tage hallen leer.
Dann verkümmert deine Klage ...
Du fragst niemanden mehr.

Lernst es endlich, dich zu fügen,
Von den Sorgen gezähmt.
Willst dich selber nicht belügen
Und erstickst es, was dich grämt.

Sinnlos, arm erscheint das Leben dir,
Längst zu lang ausgedehnt. – –
Und auf einmal – –: Steht es neben dir,
An dich angelehnt – –
Was?
Das, was du so lang ersehnt.

Quellenverzeichnis

*Rose Ausländer (1901 in Czernowitz, Österreich-Ungarn –
1988 in Düsseldorf), aus der Bukowina stammende deutsch-
und englischsprachige Lyrikerin*
Wünsche III. Aus: Rose Ausländer, Gedichte. Hg. v. Helmut
Braun. © S. Fischer Verlag GmbH, Frankfurt am Main 2001

*Thomas Bernhard (1931 in Heerlen, Niederlande – 1989 in
Gmunden, Oberösterreich), österreichischer Schriftsteller*
Warnung. Aus: Thomas Bernhard, Der Stimmenimitator.
© 1978, Suhrkamp Verlag AG, Berlin

Peter Bichsel (geb. 1935 in Luzern), Schweizer Schriftsteller
Sich etwas Unmögliches wünschen*. Aus: Peter Bichsel,
Tagebücher des Staunens. In: Peter Bichsel, Kolumnen, Ko-
lumnen. © 2005, Suhrkamp Verlag AG, Berlin

*Ernst Bloch (1885 in Ludwigshafen am Rhein – 1977 in Tübin-
gen)*
Fall ins Jetzt. Aus: Ernst Bloch, Spuren. © 1959, Suhrkamp
Verlag AG, Berlin

*Ray Bradbury (1920 in Waukegan, Illinois – 2012 in Los An-
geles), US-amerikanischer Schriftsteller und Drehbuchautor*
Das Geschenk. Aus: Ray Bradbury, Das Weihnachtsge-
schenk und andere Weihnachtsgeschichten. Aus dem Ame-

rikanischen von Margarete Bormann. 2008 Diogenes Verlag AG Zürich. Copyright der deutschsprachigen Übersetzung © 1981, 2008 Diogenes Verlag AG Zürich. Abdruck mit freundlicher Genehmigung von Andrew Nurnberg Ass., London

Thomas Brasch (1945 in Westow, North Yorkshire – 2001 in Berlin)
Was ich mir wünsche. Aus: Thomas Brasch, »DIE NENNEN DAS SCHREI«. Gesammelte Gedichte. Hg. v. Martina Hanf u. Kristin Schulz. © Suhrkamp Verlag AG, Berlin, 2013

Hilde Domin (1909 in Köln – 2006 in Heidelberg)
Wunsch. Aus: Hilde Domin, Sämtliche Gedichte. Hg. v. Nikola Herweg u. Melanie Reinhold. Mit einem Nachwort von Ruth Klüger. © S. Fischer Verlag GmbH, Frankfurt am Main 2009

Hans Magnus Enzensberger (1929 in Kaufbeuren – 2022 in München)
Nassenbeuren (und anderswo). Aus: Hans Magnus Enzensberger, Fallobst. Nur ein Notizbuch. © Suhrkamp Verlag AG, Berlin, 2019

Robert Gernhardt (1937 in Reval, Estland – 2006 in Frankfurt am Main)
Elch, Bär, Biber, Kröte. Aus: Robert Gernhardt, Kippfigur.

Erzählungen. Erstveröffentlichung 1986 by Haffmans Verlag AG Zürich. Copyright © 2002 by S. Fischer Verlag GmbH, Frankfurt am Main
Vergebliches Wünschen. Aus: Robert Gernhardt, Gesammelte Gedichte 1954-2006. © S. Fischer Verlag GmbH, Frankfurt am Main 2008

Peter Handke (geb. 1942 in Griffen, Kärnten), österreichischer Schriftsteller und Übersetzer, 2019 mit dem Nobelpreis für Literatur ausgezeichnet
Wunschdenken*; Wunschfarbe, Wunschkraft*. Aus: Peter Handke, Der Bildverlust oder Durch die Sierra de Gredos. In: Peter Handke, Prosa 5. © dieser Ausgabe Suhrkamp Verlag AG, Berlin, 2018

Elke Heidenreich (geb. 1943 in Korbach, Landkreis Waldeck)
Nurejew; Rollschuhe; Wunschkind. Aus: Elke Heidenreich, Alles kein Zufall. Kurze Geschichten. © 2016 Carl Hanser Verlag München

Hermann Hesse (1877 in Calw – 1962 in Montagnola, Schweiz), deutschschweizerischer Schriftsteller, Dichter und Maler, 1946 mit dem Nobelpreis für Literatur ausgezeichnet
Rotes Haus. Aus: Hermann Hesse, Wanderung. Aufzeichnungen. In: Hermann Hesse, Sämtliche Werke. Hg. v. Volker Michels. Band 11: Autobiographische Schriften I. © 2003, Suhrkamp Verlag AG, Berlin
Wunsch nach Zauberkraft*. Aus: Hermann Hesse, Der Zau-

Erich Kästner (1899-1974)
Der August. Aus: Erich Kästner, Die dreizehn Monate.
© Atrium Verlag, Zürich 1955, und Thomas Kästner
Das Märchen vom Glück. Aus: Der tägliche Kram: Chansons und Prosa 1945-1948. © Atrium Verlag, Zürich 1948, und Thomas Kästner

Alexander Kluge (geb. 1932 in Halberstadt)
Patrioten ihrer Kinderzeit. Aus: Alexander Kluge, Das fünfte Buch. Neue Lebensläufe. 402 Geschichten. © Suhrkamp Verlag AG, Berlin, 2012

Siegfried Lenz (1926 in Lyck, Ostpreußen – 2014 in Hamburg)
Die Nacht im Hotel. Aus: Siegfried Lenz, Jäger des Spotts. Geschichten aus der Zeit. © 1958 by Hoffmann & Campe Verlag, Hamburg

Marco Lodoli (geb. 1956 in Rom), italienischer Schriftsteller und Journalist
Vermittlerarbeit zwischen Himmel und Erde*. Aus: Unter dem blauen Himmel Roms. Neue Streifzüge durch die Ewige Stadt. Aus dem Italienischen von Gundl Nagl. © Insel Verlag Anton Kippenberg GmbH & Co. KG, Berlin, 2016

Rainer Malkowski (1939 in Berlin – 2003 in Brannenburg)
Möglichkeit, zu laut erwogen. Aus: Rainer Malkowski, Die Gedichte. Mit einem Nachwort v. Nico Bleutge. © Wallstein Verlag, Göttingen 2009

Katherine May, englische Autorin und Podcasterin
Meteorschauer*. Aus: Der Zauber der Welt. Trost finden in
unruhigen Zeiten. Aus dem Englischen von Marieke Heim-
burger. © der deutschsprachigen Ausgabe Insel Verlag Anton Kippenberg GmbH & Co. KG, Berlin, 2023

*Christian Morgenstern (1871 in München – 1914 in Unter-
mais, Tirol, Österreich-Ungarn)*
Mit-Erwacht … Aus: Christian Morgenstern, Gedichte in
einem Band. Hg. v. Reinhardt Habel. © 2004, Insel Verlag
Anton Kippenberg GmbH & Co. KG, Berlin

Hanns-Josef Ortheil (geb. 1951 in Köln)
Eine Art schöner Traum*. Aus: Hanns-Josef Ortheil, Wie
ich Klavierspielen lernte. Roman meiner Lehrjahre. © Insel
Verlag Anton Kippenberg GmbH & Co. KG, Berlin, 2019

*Rainer Maria Rilke (1875 in Prag, Österreich-Ungarn – 1926
im Sanatorium Valmont bei Montreux, Schweiz)*
Du meine heilige Einsamkeit*; Weißt du noch: fallende Sterne*. Aus: Rainer Maria Rilke, Die Gedichte. © 1986, Insel
Verlag Anton Kippenberg GmbH & Co. KG, Berlin

Joachim Ringelnatz (1883 in Wurzen – 1934 in Berlin)
Und auf einmal steht es neben dir; Wünsche. Aus: Joachim
Ringelnatz, Sämtliche Gedichte. Diogenes Verlag, Zürich
2005

Wolfdietrich Schnurre (1920 in Frankfurt am Main – 1989 in Kiel)
Beste Geschichte meines Lebens*. Aus: Wolfdietrich Schnurre: Der Schattenfotograf. List Verlag, München 1978. © 2010 Berlin Verlag in der Piper Verlag GmbH, Berlin

Wisława Szymborska (1923 in Prowent, Polen – 2012 in Krakau, Polen), polnische Dichterin, 1996 ausgezeichnet mit dem Nobelpreis für Literatur
Das Gedächtnis hat endlich; Lob der Träume. Aus: Wisława Szymborska, Gesammelte Gedichte. Aus dem Polnischen von Karl Dedecius und Renate Schmidgall. © Suhrkamp Verlag AG, Berlin, 2023

Hans-Ulrich Treichel (geb. 1952 in Versmold, Westfalen)
Das farbige Spektrum*. Aus: Hans-Ulrich Treichel, Ich werde mich nicht nach Westfalen sehnen [Dankrede anlässlich der Verleihung des Annette-von-Droste-Hülshoff-Preises, gehalten am 5. Dezember 2003 in Münster/Westfalen]. In: Hans-Ulrich Treichel, Der Felsen, an dem ich hänge. Essays und andere Texte. © 2005, Suhrkamp Verlag AG, Berlin

Robert Walser (1878 in Biel, Kanton Bern – 1956 nahe Herisau, Kanton Appenzell Ausserrhoden), Schweizer Schriftsteller
Mittagspause. Aus: Robert Walser, Werke. Berner Ausgabe. Hg. v. Lukas Gloor, Kerstin Gräfin von Schwerin, Reto Sorg,